ROMANIAN STORIES

FOR BEGINNERS

DIVE INTO ROMANIAN CULTURE, EXPAND YOUR VOCABULARY, AND MASTER BASICS THE FUN WAY!

BY ADRIAN GEE

ISBN: 979-8-884740-73-0

Author's Note

Welcome to "69 Short Romanian Stories for Beginners"! It's my absolute pleasure to guide you through the fascinating journey of learning Romanian, a language steeped in history and rich in cultural nuance. This collection of stories is designed to open doors to an engaging and effective way of expanding your vocabulary, mastering basic grammatical structures, and developing a true love for the Romanian language.

My passion for languages and education has led me to create this unique compilation, aiming to make Romanian language learning accessible, enjoyable, and deeply rewarding for beginners. Each story is carefully crafted to not only provide linguistic insights but also to spark your imagination and curiosity, making language learning an adventure rather than a chore.

Connect with Me: Join our language learning community on Instagram: @adriangruszka. Share your Romanian learning journey, and let's celebrate your progress together!

Sharing is Caring: If you find joy and progress in your Romanian with this book, please share it and tag me on social media. Your feedback is invaluable, and I look forward to seeing how these stories enhance your learning.

Diving into "69 Short Romanian Stories for Beginners" is more than learning a language; it's about discovering new perspectives and the beauty of Romanian culture. Embrace the adventure and enjoy every step towards fluency. Mult noroc! (Good luck!)

- Adrian Gee

CONTENTS

INTRODUCTION

Welcome

Welcome to "69 Short Romanian Stories for Beginners," your gateway to learning Romanian through engaging and carefully crafted stories. Whether you're a complete beginner or someone looking to refresh their skills, this book offers a unique approach to mastering the basics of the Romanian language. Let's embark on this linguistic adventure together!

What the Book is About

This book is designed with the beginner in mind, providing a diverse collection of 69 short stories that span various genres and themes. Each story is constructed to introduce you to basic Romanian vocabulary, grammar structures, and cultural nuances in an enjoyable and digestible format. Unlike traditional textbooks, these stories are intended to captivate your interest and stimulate your learning process, making Romanian more accessible and fun to learn.

How the Book is Laid Out

Each story is followed by a glossary of key terms used in the tale, helping you expand your vocabulary. Following the glossary, comprehension questions and a summary in Romanian challenge you to use your new skills and ensure you've understood what you've read. This format is designed to reinforce the material, improve your reading comprehension, and encourage active learning.

Recommendations and Tips on How to Get the Most Out of the Book

1. **Read Regularly:** Consistency is key when learning a new language. Try to read at least one story per day to maintain progress and build your confidence in understanding Romanian.

2. **Use the Glossary:** Refer to the glossary often to familiarize yourself with new words and phrases. Try to use them in your daily practice to enhance retention.

3. **Engage with the Comprehension Questions:** Answer the questions at the end of each story to test your understanding. This reinforces learning and boosts your ability to use Romanian in context.

4. **Practice Out Loud:** Reading aloud helps with pronunciation and fluency. Read the stories or summaries aloud to get comfortable speaking Romanian.

5. **Immerse Yourself:** Beyond this book, try to immerse yourself in the Romanian language through music, movies, and conversation with native speakers. This real-world exposure complements your learning and deepens your cultural understanding.

- Chapter One -
THE LOST KEY

Cheia Pierdută

Într-o dimineață însorită, Anna nu-și poate găsi cheia. Are nevoie de cheie pentru a deschide ușa casei. Anna începe să caute peste tot.

Mai întâi, se uită în buzunarul ei. "Oare cheia mea este în buzunar?" se gândește ea. Dar buzunarul este gol.

Apoi, Anna își amintește că s-ar putea să-și fi lăsat cheia în casă. Merge la fereastră să se uite înăuntru. Dar nu poate vedea cheia.

În continuare, Anna decide să caute sub covorașul de la intrare. Mulți oameni ascund o cheie de rezervă acolo. Ridică covorașul, dar cheia nu este acolo.

Anna începe să se simtă tristă. Are nevoie de ajutor. Îl sună pe prietenul ei, Tom. "Tom, mi-am pierdut cheia. Poți să mă ajuți să caut?" îl întreabă ea.

Tom vine repede. Împreună, caută în spatele ghiveciului din fața casei. Și acolo, găsesc cheia!

"Mulțumesc, Tom! M-ai ajutat să-mi găsesc cheia," spune Anna fericită. Acum, poate să deschidă ușa și să intre în casa ei.

Vocabulary

Key	*Cheie*
Find	*A găsi*
Door	*Uşă*
Lost	*Pierdut(a)*
Search	*A căuta*
House	*Casă*
Open	*A deschide*
Pocket	*Buzunar*
Remember	*A-şi aminti*
Floor	*Podea*
Under	*Sub*
Behind	*În spate*
Front	*În faţă*
Inside	*Înăuntru*
Help	*Ajutor*

Questions About the Story

1. *What does Anna need to open?*

   a) Her car
   b) Her house door
   c) A window

2. *Where does Anna first look for her key?*

   a) Under the doormat
   b) In her pocket
   c) Behind the flowerpot

3. *What is Anna's reaction when her pocket is empty?*

   a) She is happy
   b) She is relieved
   c) She is sad

4. *Who does Anna call for help?*

   a) Her neighbor
   b) A locksmith
   c) Her friend, Tom

5. *Where was the key finally found?*

   a) Inside the house
   b) Under the doormat
   c) Behind the flowerpot

Correct Answers:

1. b) Her house door
2. b) In her pocket
3. c) She is sad
4. c) Her friend, Tom
5. c) Behind the flowerpot

- Chapter Two -
A DAY AT THE PARK

O Zi în Parc

Lucy și prietenul ei, Max, decid să petreacă o zi în parc. Parcul este plin de copaci înalți, iar cerul este senin și albastru. Ei aduc o minge pentru a se juca și un picnic de savurat sub copacii verzi.

Pe măsură ce merg spre locul lor preferat, văd păsări zburând deasupra și flori de multe culori. Soarele strălucește puternic, făcând ziua perfectă pentru un picnic.

Își întind o pătură pe iarbă, lângă o bancă, și își desfac picnicul. După ce mănâncă, Lucy spune, "Hai să ne jucăm cu mingea!" Alergă în jur, aruncând și prinzând mingea, râzând tot timpul.

După ce se joacă, se așează pe bancă, privind cerul și odihnindu-se. "Îmi plac zilele ca aceasta," spune Max, zâmbind. Lucy aprobă, "Și mie, este atât de pașnic aici."

Pe măsură ce soarele începe să apună, își strâng lucrurile și merg acasă, fericiți după o zi minunată în parc.

Vocabulary

Park	*Parc*
Tree	*Copac*
Play	*A se juca*
Ball	*Minge*
Run	*A alerga*
Friend	*Prieten*
Laugh	*A râde*
Bench	*Bancă*
Bird	*Pasăre*
Sky	*Cer*
Green	*Verde*
Flower	*Floare*
Sun	*Soare*
Picnic	*Picnic*
Walk	*A merge*

Questions About the Story

1. *Who did Lucy go to the park with?*

   a) Her dog
   b) Her brother
   c) Her friend, Max

2. *What did Lucy and Max bring to the park?*

   a) A kite
   b) A ball and a picnic
   c) Bicycles

3. *What color was the sky when Lucy and Max went to the park?*

   a) Grey and cloudy
   b) Clear and blue
   c) Rainy and dark

4. *What did they see as they walked to their favorite spot?*

   a) Cats running around
   b) Ducks swimming in a pond
   c) Birds flying above and flowers of many colors

5. *What did they do after eating their picnic?*

   a) They went for a swim
   b) They took a nap
   c) They played with the ball

Correct Answers:

1. c) Her friend, Max
2. b) A ball and a picnic
3. b) Clear and blue
4. c) Birds flying above and flowers of many colors
5. c) They played with the ball

- Chapter Three -
BIRTHDAY SURPRISE

Surpriza de Ziua de Naştere

Astăzi este ziua de naştere a Miei, iar prietenii ei au pregătit o petrecere surpriză pentru ea. Au un tort, baloane şi decoraţiuni pregătite. Mia nu are nicio idee despre petrecere.

Când Mia intră în cameră, toată lumea sare şi strigă, "Surpriză!" Mia este şocată, dar foarte fericită. Vede tortul cu lumânări şi zâmbeşte.

Prietenii ei cântă "La mulţi ani," iar Mia suflă în lumânări, făcând o dorinţă. Apoi îi dau cadouri şi felicitări, exprimându-şi dragostea şi urările pentru ea.

Camera este plină de râsete şi bucurie în timp ce sărbătoresc. Mia le mulţumeşte tuturor, "Aceasta este cea mai bună surpriză de ziua de naştere!"

Petrec seara mâncând tort, jucând jocuri şi bucurându-se de petrecere. Mia se simte recunoscătoare pentru că are prieteni atât de minunaţi.

Vocabulary

Birthday	Zi de naştere
Cake	Tort
Party	Petrecere
Gift	Cadou
Surprise	Surpriză
Balloon	Balon
Invite	A invita
Happy	Fericit(a)
Candle	Lumânare
Sing	A cânta
Friend	Prieten
Card	Felicitare
Wish	Dorinţă
Celebrate	A sărbători
Decoration	Decoraţiune

Questions About the Story

1. *What occasion is being celebrated in the story?*

   a) A wedding
   b) An anniversary
   c) A birthday

2. *What do Mia's friends have ready for her?*

   a) A movie
   b) A concert ticket
   c) A cake, balloons, and decorations

3. *How does Mia react when her friends surprise her?*

   a) She is confused
   b) She is unhappy
   c) She is shocked but happy

4. *What do Mia's friends do after yelling "Surprise!"?*

   a) They leave the room
   b) They sing "Happy Birthday"
   c) They start dancing

5. *What does Mia do after her friends sing to her?*

   a) She leaves the party
   b) She cuts the cake
   c) She blows out the candles

Correct Answers:

1. c) A birthday
2. c) A cake, balloons, and decorations
3. c) She is shocked but happy
4. b) They sing "Happy Birthday"
5. c) She blows out the candles

- Chapter Four -
THE NEW NEIGHBOR

Vecinul Nou

Emily tocmai s-a mutat într-un apartament nou pe Strada Maple. Este nervoasă, dar entuziasmată să-şi întâlnească vecinii.

În timp ce descarcă cutii din camion, observă pe cineva apropiindu-se. Este vecinul ei de alături, Alex, care vine să o întâmpine cu un zâmbet călduros.

"Bună! Sunt Alex. Locuiesc în vecini. Dacă ai nevoie de ajutor, doar spune-mi," spune Alex, oferindu-i mâna.

Emily este recunoscătoare şi răspunde, "Mulţumesc, Alex! S-ar putea să am nevoie de ajutor mai târziu." Stau de vorbă puţin, iar Alex se oferă să o introducă pe Emily altor vecini.

Mai târziu, în acea zi, Alex se întoarce şi o ajută pe Emily cu cutiile. Apoi fac o plimbare pe stradă, întâlnind alţi vecini prietenoşi care o salută pe Emily cu căldură.

Simţindu-se binevenită şi fericită, Emily este bucuroasă că s-a mutat pe Strada Maple şi aşteaptă cu nerăbdare să-şi facă prieteni noi.

Vocabulary

Neighbor	*Vecin*
Move	*Mutare*
Welcome	*Binevenit(a)*
Apartment	*Apartament*
Box	*Cutie*
New	*Nou(a)*
Meet	*Întâlnire*
Help	*Ajutor*
Introduce	*A introduce*
Friendly	*Prietenos(a)*
Street	*Stradă*
Next	*Următor(a)*
Doorbell	*Sonerie*
Smile	*Zâmbet*
Greet	*Salut*

Questions About the Story

1. *How does Emily feel about meeting her new neighbors?*

   a) Indifferent
   b) Nervous but excited
   c) Scared

2. *Who approaches Emily as she is unloading her truck?*

   a) A delivery person
   b) A distant relative
   c) Her next-door neighbor, Alex

3. *What does Alex offer Emily?*

   a) A welcome gift
   b) To call for more help
   c) Help with her boxes

4. *What does Alex do later that day?*

   a) Invites Emily for dinner
   b) Comes back and helps with boxes
   c) Takes Emily to a party

5. *During their walk, what do Emily and Alex do?*

   a) Meet other friendly neighbors
   b) Go shopping
   c) Visit the local library

Correct Answers:

1. b) Nervous but excited
2. c) Her next-door neighbor, Alex
3. c) Help with her boxes
4. b) Comes back and helps with boxes
5. a) Meet other friendly neighbors

- Chapter Five -
LOST IN THE CITY

Pierdută în Oraș

Într-o zi, Emma s-a trezit pierdută în orașul mare. Avea o hartă, dar străzile o confundau. "Unde sunt?" se întreba ea, privind la hartă.

Mai întâi, a încercat să ceară indicații. S-a apropiat de o persoană cu aspect prietenos și a întrebat: "Scuzați-mă, mă puteți ajuta să găsesc Strada Principală?" Persoana respectivă i-a arătat spre colț.

Emma a mers până la colț, dar semafoarele și trotuarele aglomerate au făcut-o să ezite. Trebuia să traverseze strada, dar nu era sigură când.

A găsit o piață cu un semn mare care scria "Gara Centrală". "Acolo trebuie să mă întorc pentru a prinde trenul," și-a amintit Emma.

În cele din urmă, după ce a întrebat câteva persoane și a urmat indicațiile lor, Emma și-a găsit drumul înapoi la gară. A fost ușurată și fericită că și-a găsit calea. De acum înainte, a promis să fie mai atentă la semne și să învețe mai multe despre navigarea în oraș.

Vocabulary

City	Oraş
Map	Hartă
Street	Stradă
Lost	Pierdut
Ask	A cere
Direction	Indicaţii
Corner	Colţ
Traffic light	Semafor
Cross	A traversa
Busy	Aglomerat
Find	A găsi
Square	Piaţă
Sign	Semn
Return	A se întoarce
Station	Gară

Questions About the Story

1. *What did Emma have to help her find her way in the city?*

   a) A compass
   b) A map
   c) A guidebook

2. *Who did Emma first ask for directions?*

   a) A police officer
   b) A shopkeeper
   c) A friendly-looking person

3. *What made Emma hesitate while trying to navigate the city?*

   a) Rain
   b) The traffic lights and busy sidewalks
   c) Getting a phone call

4. *Where did Emma need to return to catch her train?*

   a) Main Street
   b) The airport
   c) Central Station

5. *How did Emma finally find her way back?*

   a) By using a GPS
   b) By following the signs
   c) By asking more people for directions

Correct Answers:

1. b) A map
2. c) A friendly-looking person
3. b) The traffic lights and busy sidewalks
4. c) Central Station
5. c) By asking more people for directions

- Chapter Six -
A PICNIC BY THE LAKE

Un Picnic pe Lac

Lucas și Mia au decis să facă un picnic pe lac într-o zi însorită. Au împachetat un coș cu sandvișuri, fructe și băuturi. Au luat și o pătură mare pe care să stea și câteva jocuri de jucat.

Când au ajuns la lac, și-au întins pătura pe iarbă sub un copac mare. Lacul arăta minunat sub soare, iar păsările zburau deasupra capetelor lor.

După ce au mâncat sandvișurile și s-au bucurat de fructe, Lucas a spus: "Hai să ne jucăm cu mingea!" Au petrecut ceva timp jucându-se și apoi au decis să înoate în lac.

Apa era revigorantă, și s-au distrat înotând și stropindu-se. După înot, s-au întins pe pătură pentru a se relaxa și a privi cerul.

"Este atât de liniștit aici," a spus Mia, ascultând păsările și simțind soarele blând. Au rămas până când soarele a început să apună, bucurându-se de ziua perfectă pe lac.

Vocabulary

Lake	*Lac*
Picnic	*Picnic*
Basket	*Coş*
Blanket	*Pătură*
Sandwich	*Sandviş*
Fruit	*Fruct*
Drink	*Băutură*
Friend	*Prieten*
Sun	*Soare*
Play	*A se juca*
Swim	*A înota*
Tree	*Copac*
Grass	*Iarbă*
Relax	*A se relaxa*
Bird	*Pasăre*

Questions About the Story

1. *What did Lucas and Mia decide to do on a sunny day?*

    a) Go for a swim
    b) Have a picnic by the lake
    c) Play soccer

2. *What did they pack in their picnic basket?*

    a) Sandwiches, fruits, and drinks
    b) Pizza
    c) Burgers and fries

3. *Where did they spread the blanket for the picnic?*

    a) On the beach
    b) In a clearing
    c) Under a big tree

4. *What activity did Lucas suggest after eating?*

    a) Going home
    b) Swimming in the lake
    c) Playing with the ball

5. *How did they find the water when they went swimming?*

    a) Cold
    b) Too hot
    c) Refreshing

Correct Answers:

1. b) Have a picnic by the lake
2. a) Sandwiches, fruits, and drinks
3. c) Under a big tree
4. c) Playing with the ball
5. c) Refreshing

- Chapter Seven -
THE SCHOOL PROJECT

Proiectul Școlar

În clasa domnului Smith, elevii au primit un proiect școlar. Trebuiau să lucreze în echipe pentru a cerceta un subiect și apoi să-l prezinte clasei.

Anna, Ben, Charlie și Dana au format o echipă. Au decis să cerceteze importanța reciclării. Au adunat informații, au creat un raport și au lucrat la o prezentare.

În ziua prezentării, erau nervoși, dar pregătiți. Anna a început prin a explica procesul de cercetare. Ben a discutat despre beneficiile reciclării, iar Charlie a arătat câteva statistici. Dana a încheiat cu idei despre cum să reciclăm mai mult acasă și la școală.

Profesorul și clasa au fost impresionați. Au învățat multe și au discutat cum ar putea contribui la eforturile de reciclare. Echipa a fost mândră de munca lor și fericită că a terminat proiectul cu succes.

Vocabulary

Project	*Proiect*
School	*Şcoală*
Team	*Echipă*
Research	*A cerceta*
Present	*A prezenta*
Teacher	*Profesor*
Class	*Clasă*
Learn	*A învăţa*
Work	*Muncă*
Discuss	*A discuta*
Idea	*Ideea*
Report	*Raport*
Create	*A crea*
Group	*Grup*
Finish	*A termina*

Questions About the Story

1. *What was the topic of the school project?*

    a) Global warming
    b) The importance of recycling
    c) Space exploration

2. *Who were the members of the team?*

    a) Anna, Ben, Charlie, and Dana
    b) Emily, Fred, George, and Hannah
    c) Isaac, Julia, Kyle, and Laura

3. *What did Ben discuss in the presentation?*

    a) The benefits of recycling
    b) How to plant a garden
    c) The process of photosynthesis

4. *What did the team create for their project?*

    a) A short film
    b) A magazine article
    c) A report and a presentation

5. *How did the team feel about their project?*

    a) Disappointed
    b) Confused
    c) Proud and happy

Correct Answers:

1. b) The importance of recycling
2. a) Anna, Ben, Charlie, and Dana
3. a) The benefits of recycling
4. c) A report and a presentation
5. c) Proud and happy

- Chapter Eight -
A WINTER'S TALE

Poveste de Iarnă

Într-o zi rece de iarnă, Lily şi Sam au decis să se bucure de zăpadă. Şi-au pus paltoanele, eşarfele şi mănuşile pentru a se menţine calzi. Afară, solul era acoperit de zăpadă, iar vântul sufla uşor.

"Hai să facem un om de zăpadă," a sugerat Lily. Împreună, au făcut bile mari de zăpadă pentru corpul omului de zăpadă şi au găsit pietre pentru ochi şi gură. Au râs în timp ce au pus un morcov pentru nas.

După ce au făcut omul de zăpadă, le-a fost foarte frig. "Am nevoie de ceva să mă încălzesc," a spus Sam. Aşa că au intrat înăuntru şi au făcut ciocolată caldă. Băutura caldă şi şemineul confortabil i-au făcut să se simtă mai bine.

Mai târziu, au decis să încerce să schieze. Au alunecat cu grijă pe un deal mic, simţind vântul rece în timp ce mergeau. Schiatul a fost distractiv, dar i-a făcut să îngheţe din nou.

La sfârşitul zilei, s-au aşezat lângă şemineu, simţind căldura. "Aceasta a fost cea mai bună zi de iarnă," a spus Sam, iar Lily a fost de acord. S-au bucurat de frumuseţea iernii din căldura casei lor.

Vocabulary

Winter	Iarnă
Snow	Zăpadă
Cold	Frig
Coat	Palton
Ice	Gheață
Hot chocolate	Ciocolată caldă
Scarf	Eșarfă
Ski	Schi
Snowman	Om de zăpadă
Freeze	A îngheța
Glove	Mănușă
Wind	Vânt
Slide	A aluneca
Warm	Cald
Fireplace	Șemineu

Questions About the Story

1. *What did Lily and Sam decide to do on a cold winter day?*

    a) Build a snowman
    b) Go skiing
    c) Make hot chocolate
    d) All of the above

2. *What did Lily suggest they make outside?*

    a) A snow angel
    b) A snowman
    c) An igloo

3. *What did they use for the snowman's nose?*

    a) A stone
    b) A stick
    c) A carrot

4. *What did Sam and Lily do to warm up after building the snowman?*

    a) Went for a walk
    b) Made hot chocolate
    c) Took a nap

5. *What activity did they try after warming up?*

    a) Ice skating
    b) Snowball fight
    c) Skiing

Correct Answers:

1. d) All of the above
2. b) A snowman
3. c) A carrot
4. b) Made hot chocolate
5. c) Skiing

- Chapter Nine -
THE MAGIC GARDEN

Grădina Magică

Lena a descoperit o grădină ascunsă în spatele casei bunicii sale, neglijată și uitată. Cu curiozitate și entuziasm, a decis să o readucă la viață.

Pe măsură ce Lena curăța buruienile și planta noi semințe, a observat ceva extraordinar. Plantele creșteau peste noapte, florile înfloreau instantaneu, și o varietate de fluturi și păsări nevăzută până atunci a început să viziteze.

Într-o zi, Lena a găsit o sămânță misterioasă și străveche îngropată în colțul grădinii. A plantat-o, și până dimineața următoare, crescuse un copac magnific, cu frunzele strălucind în nuanțe magice.

Grădina a devenit sanctuarul Linei, un loc unde magia era reală. A aflat că grădina era fermecată, înflorind prin grijă și iubire. Aici, Lena putea vorbi cu plantele, iar acestea păreau să asculte, crescând mai puternice și mai vibrante.

Grădina magică nu era doar frumoasă; era vie, plină de minuni și secrete ce așteptau să fie descoperite. Lena știa că era gardianul acestui loc magic, o bijuterie ascunsă unde linia dintre realitate și magie se estompa.

Vocabulary

Garden	*Grădină*
Flower	*Floare*
Magic	*Magică*
Tree	*Copac*
Grow	*Creşte*
Plant	*Plantă*
Butterfly	*Fluture*
Bird	*Pasăre*
Color	*Culoare*
Water	*Apă*
Sunlight	*Lumină solară*
Seed	*Sămânţă*
Leaf	*Frunză*
Beautiful	*Frumos*
Nature	*Natură*

Questions About the Story

1. *What did Lena discover behind her grandmother's house?*

   a) A hidden garden
   b) A treasure chest
   c) An ancient book

2. *What extraordinary thing happened when Lena planted new seeds?*

   a) The seeds turned to gold
   b) The plants grew overnight
   c) The seeds sang songs

3. *What did Lena find buried in the garden?*

   a) A mysterious, ancient seed
   b) A map
   c) A magic wand

4. *What grew from the mysterious seed Lena planted?*

   a) A beanstalk
   b) A rose bush
   c) A magical tree

5. *What became Lena's sanctuary?*

   a) The forest
   b) The magic garden
   c) Her grandmother's house

Correct Answers:

1. a) A hidden garden
2. b) The plants grew overnight
3. a) A mysterious, ancient seed
4. c) A magical tree
5. b) The magic garden

- Chapter Ten -
A TRIP TO THE ZOO

O Excursie la Grădina Zoologică

Jack și Emily au decis să-și petreacă sâmbăta explorând grădina zoologică a orașului, dornici să vadă o gamă largă de animale din întreaga lume.

Prima lor oprire a fost la incinta leilor, unde i-au urmărit pe aceste creaturi majestuoase odihnindu-se la soare. Apoi, au vizitat elefanții, fascinați de natura lor blândă și inteligența.

La expoziția cu maimuțe, Jack și Emily au râs de anticsurile jucăușe ale primatelor care se legănau de la o ramură la alta. Au fost uimiți de varietatea speciilor și comportamentul acestora.

Momentul culminant al vizitei lor a fost spectacolul de hrănire, unde au învățat despre dietele și îngrijirea animalelor. Au fost în mod special impresionați de grația girafelor și de puterea urșilor.

Purtând un plan al grădinii zoologice, s-au asigurat că nu ratează nicio expoziție, de la păsările tropicale până la casa reptilelor. Și-au încheiat vizita participând la o prezentare a îngrijitorilor, câștigând înțelegere despre eforturile de conservare și importanța protejării vieții sălbatice.

Pe măsură ce părăseau grădina zoologică, Jack și Emily simțeau un sentiment reînnoit de mirare și o apreciere mai profundă pentru lumea naturală. Au promis să se întoarcă, dornici să învețe mai mult și să-și continue aventura.

Vocabulary

Zoo	*Grădină zoologică*
Animal	*Animal*
Lion	*Leu*
Elephant	*Elefant*
Monkey	*Maimuţă*
Cage	*Cuşcă*
Feed	*Hrăni*
Visit	*Vizita*
Bear	*Urs*
Giraffe	*Girafă*
Ticket	*Bilet*
Guide	*Ghid*
Map	*Plan*
Show	*Spectacol*
Learn	*Învăţa*

Questions About the Story

1. **What was the first animal enclosure that Jack and Emily visited at the zoo?**

    a) Lions
    b) Elephants
    c) Monkeys

2. **What fascinated Jack and Emily about the elephants?**

    a) Their playful antics
    b) Their gentle nature and intelligence
    c) Their loud roars

3. **What did Jack and Emily find amusing at the monkey exhibit?**

    a) The monkeys sleeping
    b) The monkeys swinging from branch to branch
    c) The monkeys hiding

4. **What was the highlight of Jack and Emily's visit to the zoo?**

    a) The lion's roar
    b) The feeding time show
    c) The elephant ride

5. **Which animal's grace impressed Jack and Emily during the feeding time show?**

    a) Bears
    b) Monkeys
    c) Giraffes

Correct Answers:

1. a) Lions
2. b) Their gentle nature and intelligence
3. b) The monkeys swinging from branch to branch
4. b) The feeding time show
5. c) Giraffes

- Chapter Eleven -
COOKING CLASS

Clasa de Gătit

Sarah a decis să se înscrie la o clasă de gătit pentru a învăța rețete noi. Clasa era într-o bucătărie mare cu multe ingrediente pregătite pe masă.

Bucătarul le-a arătat cum să amestece ingredientele pentru a face un tort. "Gătitul este ca magia," a spus el, "cu rețeta potrivită, poți crea ceva delicios."

Sarah a urmat cu atenție rețeta. A amestecat, a copt și apoi a gustat tortul său. Era delicios! S-a simțit mândră și fericită.

A învățat să taie legume, să prăjească ouă și să fierbă apă pentru paste. Fiecare fel de mâncare pe care îl făcea era o nouă aventură.

La sfârșitul clasei, Sarah și colegii ei s-au bucurat de masa pe care au gătit-o împreună. Abia aștepta să gătească aceste feluri de mâncare acasă.

Vocabulary

Cook	Găti
Recipe	Rețetă
Ingredient	Ingredient
Kitchen	Bucătărie
Oven	Cuptor
Mix	Amesteca
Bake	Coace
Taste	Gusta
Meal	Masă
Chef	Bucătar
Cut	Tăia
Dish	Fel de mâncare
Spoon	Lingură
Fry	Prăji
Boil	Fierbe

Questions About the Story

1. *What did Sarah decide to join?*

    a) A dance class
    b) A cooking class
    c) A painting class

2. *What was the chef's analogy for cooking?*

    a) Cooking is like painting
    b) Cooking is like magic
    c) Cooking is like gardening

3. *What did Sarah feel after tasting her cake?*

    a) Disappointed
    b) Proud and happy
    c) Confused

4. *Which of the following skills did Sarah learn in the class?*

    a) Cutting vegetables
    b) Flying a kite
    c) Playing the guitar

5. *What did Sarah and her classmates do at the end of the class?*

    a) They went home immediately
    b) They cleaned the kitchen
    c) They enjoyed the meal they cooked

Correct Answers:

1. b) A cooking class
2. b) Cooking is like magic
3. b) Proud and happy
4. a) Cutting vegetables
5. c) They enjoyed the meal they cooked

- Chapter Twelve -
THE TREASURE HUNT

Vânătoarea de Comori

Tom și prietenii săi au găsit o hartă veche într-o carte de la bibliotecă. Arăta o comoară ascunsă pe o insulă mică. Au decis să pornească într-o aventură pentru a o găsi.

Cu harta în mâini, au căutat indicii. Fiecare indiciu îi ducea mai aproape de comoară. A trebuit să sape, să urmeze marcajele X și să rezolve mistere.

După o lungă căutare, au descoperit un cufăr plin de aur! Nu își puteau crede ochilor. A fost aventura vieții lor.

Au decis să împartă aurul cu echipa și să doneze o parte bibliotecii. Vânătoarea lor de comori a fost un succes, și au învățat valoarea lucrului în echipă.

Vocabulary

Treasure	*Comoară*
Map	*Hartă*
Search	*Căutare*
Find	*Găsi*
Clue	*Indiciu*
Dig	*Săpa*
Island	*Insulă*
Adventure	*Aventură*
Chest	*Cufăr*
Gold	*Aur*
Mystery	*Mister*
Team	*Echipă*
Follow	*Urma*
X (marks the spot)	*X*
Discover	*Descoperi*

Questions About the Story

1. *Where did Tom and his friends find the old map?*

   a) In a book at the library
   b) In Tom's attic
   c) On the internet

2. *What did the map show?*

   a) A hidden cave
   b) A treasure on a small island
   c) A secret passage

3. *What did Tom and his friends have to do to find the treasure?*

   a) Ask for directions
   b) Solve mysteries
   c) Buy a new map

4. *What did they find at the end of their search?*

   a) A chest full of gold
   b) A new friend
   c) A lost puppy

5. *What did they decide to do with the gold?*

   a) Keep it all for themselves
   b) Throw it back into the sea
   c) Share it with their team and donate some to the library

Correct Answers:

1. a) In a book at the library
2. b) A treasure on a small island
3. b) Solve mysteries
4. a) A chest full of gold
5. c) Share it with their team and donate some to the library

- Chapter Thirteen -
A RAINY DAY

O Zi Ploioasă

Era o zi ploioasă, iar Emily era blocată în casă. Ea privea cum picăturile de ploaie alunecau pe fereastră și asculta tunetul.

Și-a deschis umbrela și a decis să sară în bălți afară. Ploaia făcea ca totul să pară proaspăt și nou.

Udându-se, râdea și se stropia în apă. Era distractiv să te joci în ploaie, simțind cum pelerina o proteja de a se uda prea tare.

Înapoi înăuntru, Emily se simțea confortabil. Și-a făcut o băutură caldă și s-a așezat lângă fereastră să-și citească cartea preferată.

Ziua ploioasă s-a transformat într-un timp pașnic pentru Emily. S-a bucurat de plăcerea simplă de a citi și de a privi ploaia.

Vocabulary

Rain	*Ploaie*
Umbrella	*Umbrelă*
Puddle	*Baltă*
Wet	*Ud*
Cloud	*Nor*
Raincoat	*Pelerină de ploaie*
Drop	*Picătură*
Splash	*Stropi*
Inside	*Înăuntru*
Window	*Fereastră*
Play	*Juca*
Thunder	*Tunet*
Lightning	*Fulger*
Cozy	*Confortabil*
Read	*Citit*

Questions About the Story

1. *What was Emily doing at the beginning of the story?*

   a) Reading a book
   b) Watching raindrops on the window
   c) Jumping in puddles

2. *What did Emily decide to do despite the rain?*

   a) Stay indoors and watch TV
   b) Go back to bed
   c) Jump in puddles outside

3. *What protected Emily from getting too wet?*

   a) Her raincoat
   b) A large tree
   c) An umbrella

4. *How did Emily feel playing in the rain?*

   a) Scared
   b) Excited
   c) Happy

5. *What did Emily do after coming back inside?*

   a) Took a nap
   b) Watched a movie
   c) Made herself a hot drink and read a book

Correct Answers:

1. b) Watching raindrops on the window
2. c) Jump in puddles outside
3. a) Her raincoat
4. c) Happy
5. c) Made herself a hot drink and read a book

- Chapter Fourteen -
AT THE SUPERMARKET

La Supermarket

Mike a mers la supermarket cu o listă. Avea nevoie să cumpere mâncare pentru săptămâna. Îşi împingea căruciorul prin raioane, căutând legume, fructe, lapte, pâine şi brânză.

A verificat preţurile şi a pus articolele în căruciorul său. Supermarketul era aglomerat, dar Mike a găsit tot ce era pe lista lui.

Când a terminat cumpărăturile, s-a dus la casierie să plătească. Era o reducere la brânză, aşa că a economisit nişte bani. Mike a fost fericit pentru asta.

După ce a plătit, şi-a pus cumpărăturile în sacoşe şi le-a dus la maşina lui. S-a simţit bine pentru că a cumpărat mâncare sănătoasă pentru familia sa.

Vocabulary

Supermarket	*Supermarket*
Cart	*Cărucior*
Buy	*Cumpăra*
Food	*Mâncare*
Price	*Preț*
Cashier	*Casier*
List	*Listă*
Vegetable	*Legumă*
Fruit	*Fruct*
Milk	*Lapte*
Bread	*Pâine*
Cheese	*Brânză*
Pay	*Plăti*
Sale	*Reducere*
Bag	*Sac*

Questions About the Story

1. *What was the main reason Mike went to the supermarket?*

   a) To buy clothes
   b) To buy food for the week
   c) To meet a friend

2. *Which of these items was NOT on Mike's shopping list?*

   a) Vegetables
   b) Fish
   c) Milk

3. *What did Mike do before putting items in his cart?*

   a) Checked the prices
   b) Called his friend
   c) Ate a snack

4. *Why was Mike happy after shopping?*

   a) He found a new job
   b) There was a sale on cheese
   c) He met a friend

5. *What did Mike do after finishing his shopping?*

   a) Went home directly
   b) Went to the cashier to pay
   c) Started shopping again

Correct Answers:

1. b) To buy food for the week
2. b) Fish
3. a) Checked the prices
4. b) There was a sale on cheese
5. b) Went to the cashier to pay

- Chapter Fifteen -
THE MUSIC LESSON

Lecția de Muzică

Anna iubea muzica și a decis să ia lecții de muzică. Voia să învețe să cânte la un instrument.

Profesorul ei era domnul Smith. El putea cânta la pian și la chitară. Era amabil și răbdător.

La prima lecție, Anna a învățat să cânte note simple la pian. A încercat și să cânte un cântec. A fost distractiv!

Domnul Smith i-a arătat cum să citească notele muzicale și să găsească ritmul. Anna exersa în fiecare zi. Visa să cânte într-o trupă într-o zi.

Muzica o făcea pe Anna fericită. Era entuziasmată să învețe mai mult și să-și îmbunătățească abilitățile.

Vocabulary

Music	*Muzică*
Instrument	*Instrument*
Play	*Cânta*
Lesson	*Lecție*
Teacher	*Profesor*
Piano	*Pian*
Guitar	*Chitară*
Sing	*Cânta*
Note	*Notă*
Song	*Cântec*
Practice	*Exersa*
Band	*Trupă*
Sound	*Sunet*
Rhythm	*Ritm*
Learn	*Învăța*

Questions About the Story

1. *What did Anna decide to take up?*

    a) Dance lessons
    b) Music lessons
    c) Art classes

2. *What instruments could Mr. Smith play?*

    a) Violin and drums
    b) Piano and guitar
    c) Flute and trumpet

3. *What did Anna learn in her first lesson?*

    a) How to dance
    b) How to play simple notes on the piano
    c) How to paint

4. *Besides playing the piano, what else did Anna try in her lesson?*

    a) Singing a song
    b) Playing the drums
    c) Drawing

5. *What did Mr. Smith teach Anna besides playing notes?*

    a) How to read music notes and find the rhythm
    b) How to write her own music
    c) How to conduct an orchestra

Correct Answers:

1. b) Music lessons
2. b) Piano and guitar
3. b) How to play simple notes on the piano
4. a) Singing a song
5. a) How to read music notes and find the rhythm

- Chapter Sixteen -
THE LOST PUPPY

Cățelușul Pierdut

Lucy a găsit un cățeluș pierdut pe stradă. Cățelușul nu avea zgardă, dar era foarte drăguț și prietenos.

A decis să caute proprietarul cățelușului. A făcut afișe și le-a lipit în jurul cartierului.

Oamenii au văzut afișele și au ajutat-o pe Lucy să caute. Au căutat pe fiecare stradă și au întrebat pe toți pe care i-au întâlnit.

În cele din urmă, cineva a recunoscut cățelușul. Știau cine este proprietarul și l-au sunat.

Proprietarul cățelușului a fost foarte fericit să-și găsească animalul de companie. I-au mulțumit Luciei pentru bunătatea și ajutorul ei.

Lucy l-a îmbrățișat pe cățeluș la revedere. A fost fericită să vadă că cățelușul se întoarce acasă în siguranță.

Vocabulary

Puppy	*Căţeluş*
Search	*Căutare*
Bark	*Lătra*
Lost	*Pierdut*
Poster	*Afiş*
Street	*Stradă*
Kind	*Drăguţ*
Find	*Găsi*
Collar	*Zgardă*
Pet	*Animal de companie*
Happy	*Fericit*
Home	*Acasă*
Owner	*Proprietar*
Safe	*În siguranţă*
Hug	*Îmbrăţişa*

Questions About the Story

1. *Why did Lucy decide to search for the puppy's owner?*

    a) She wanted to keep the puppy
    b) The puppy had a collar with a name
    c) She found the puppy lost and kind

2. *What did Lucy do to find the puppy's owner?*

    a) She took the puppy to a vet
    b) She made and put up posters around the neighborhood
    c) She called the police

3. *How did the community respond to Lucy's effort?*

    a) They ignored her
    b) They helped her search for the owner
    c) They advised her to keep the puppy

4. *How was the puppy's owner finally found?*

    a) Through a social media post
    b) Someone recognized the puppy from the posters
    c) The puppy ran back home on its own

5. *What was the puppy's owner's reaction to getting their pet back?*

    a) They were indifferent
    b) They offered a reward to Lucy
    c) They were very happy and thankful

Correct Answers:

1. c) She found the puppy lost and kind
2. b) She made and put up posters around the neighborhood
3. b) They helped her search for the owner
4. b) Someone recognized the puppy from the posters
5. c) They were very happy and thankful

- Chapter Seventeen -
THE ART COMPETITION

Concursul de Artă

Emma iubea să picteze. A decis să participe la un concurs de artă. Și-a luat pensula, vopselele și un pânză mare pentru a începe tabloul. Emma voia să creeze ceva plin de culoare și creativitate.

Tema concursului era "Frumusețea Naturii". Emma a pictat un peisaj frumos cu copaci, un râu și păsări zburând pe cer. A folosit culori vii pentru a face ca tabloul său să iasă în evidență.

În ziua expoziției, pictura Emmei a fost expusă în galerie printre multe altele. Oamenii au venit să vadă arta și să voteze favoritul.

Juriul a admirat designul și creativitatea Emmei. Când au anunțat câștigătorul, numele Emmei a fost strigat! A câștigat premiul pentru cel mai bun tablou.

Emma s-a simțit mândră și fericită. Arta ei a fost apreciată, și s-a simțit motivată să picteze și mai mult.

Vocabulary

Paint	*Pictură*
Brush	*Pensulă*
Picture	*Tablou*
Color	*Culoare*
Prize	*Premiu*
Judge	*Judecător*
Exhibit	*Expoziție*
Creativity	*Creativitate*
Design	*Design*
Art	*Artă*
Winner	*Câștigător*
Gallery	*Galerie*
Canvas	*Pânză*
Display	*Expune*
Vote	*Vot*

Questions About the Story

1. *What did Emma decide to do?*

    a) Join a cooking class
    b) Enter an art competition
    c) Write a book

2. *What was the theme of the art competition?*

    a) Modern life
    b) Abstract thoughts
    c) Nature's Beauty

3. *What did Emma paint?*

    a) A cityscape
    b) A portrait
    c) A landscape with trees and a river

4. *What did Emma use to stand out her painting?*

    a) Dark colors
    b) Bright colors
    c) Only black and white

5. *What did the judges admire about Emma's painting?*

    a) The size
    b) The design and creativity
    c) The frame

Correct Answers:

1. b) Enter an art competition
2. c) Nature's Beauty
3. c) A landscape with trees and a river
4. b) Bright colors
5. b) The design and creativity

- Chapter Eighteen -
A DAY AT THE FARM

O Zi la Fermă

Tom a vizitat o fermă pentru o zi. Era entuziasmat să vadă toate animalele şi să înveţe despre viaţa la fermă. Fermierul, domnul Brown, l-a întâmpinat pe Tom şi i-a arătat în jur.

Mai întâi, au mers la grajd să hrănească vacile şi caii. Tom a învăţat cum să mulgă o vacă şi a fost uimit de proces. Au colectat şi ouă de la găini.

Tom a mers cu tractorul împreună cu domnul Brown pentru a vedea câmpurile. Au vorbit despre recoltă şi cum se face fânul pentru animale.

Tom a văzut porci, i-a hrănit şi chiar a ajutat la adunatul fânului. A învăţat atât de multe despre munca grea de a fi fermier.

La sfârşitul zilei, Tom s-a simţit fericit şi recunoscător. I-a mulţumit domnului Brown pentru experienţa minunată de la fermă.

Vocabulary

Farm	Fermă
Animal	Animal
Cow	Vacă
Horse	Cal
Feed	Hrăni
Barn	Grajd
Tractor	Tractor
Hay	Fân
Milk	Mulge
Egg	Ou
Farmer	Fermier
Field	Câmp
Harvest	Recoltă
Chicken	Găină
Pig	Porc

Questions About the Story

1. *Who welcomed Tom to the farm?*

   a) The farm animals
   b) A neighbor
   c) Mr. Brown

2. *What did Tom learn to do for the first time on the farm?*

   a) Drive a tractor
   b) Milk a cow
   c) Ride a horse

3. *What did Tom and Mr. Brown talk about during the tractor ride?*

   a) The weather
   b) The animals' names
   c) The harvest and how hay is made

4. *Besides cows, which other animals did Tom feed?*

   a) Chickens
   b) Pigs
   c) Both chickens and pigs

5. *What was Tom's feeling at the end of his day at the farm?*

   a) Tired
   b) Happy and grateful
   c) Bored

Correct Answers:

1. c) Mr. Brown
2. b) Milk a cow
3. c) The harvest and how hay is made
4. c) Both chickens and pigs
5. b) Happy and grateful

- Chapter Nineteen -
THE SCIENCE FAIR

Târgul de Știință

Lucy se pregătea pentru târgul de știință de la școala ei. Avea o idee grozavă pentru un experiment. Proiectul ei era despre reacția chimică între bicarbonatul de sodiu și oțet.

Lucy și-a pregătit prezentarea în laboratorul școlii. Avea toate datele și observațiile gata de prezentat. Era puțin nervoasă, dar și entuziasmată.

În timpul târgului, mulți studenți și profesori au venit să vadă experimentul Luciei. Ea și-a explicat ipoteza și le-a arătat reacția. Toată lumea a fost impresionată de munca ei.

După ce toate proiectele au fost testate și evaluate, judecătorii au anunțat rezultatele. Proiectul Luciei a câștigat un premiu pentru cel mai bun experiment!

Lucy s-a simțit mândră de munca ei grea. Târgul de știință a fost un mare succes, și i-a plăcut să împărtășească interesul ei pentru știință cu ceilalți.

Vocabulary

Experiment	*Experiment*
Science	*Știință*
Project	*Proiect*
Hypothesis	*Ipoteză*
Result	*Rezultat*
Research	*Cercetare*
Display	*Prezentare*
Test	*Test*
Observation	*Observație*
Conclusion	*Concluzie*
Data	*Date*
Measure	*Măsură*
Laboratory	*Laborator*
Chemical	*Chimic*
Reaction	*Reacție*

Questions About the Story

1. *What was Lucy's science fair project about?*

    a) The growth of plants
    b) The solar system
    c) The chemical reaction between baking soda and vinegar

2. *Where did Lucy set up her display for the science fair?*

    a) In the school library
    b) In the school laboratory
    c) In the school gymnasium

3. *How did Lucy feel about presenting her project?*

    a) Confident and bored
    b) Nervous but excited
    c) Indifferent

4. *Who was Lucy's audience during her experiment demonstration?*

    a) Only the judges
    b) Only her classmates
    c) Students and teachers

5. *What did Lucy do during the fair?*

    a) She only observed other projects
    b) She explained her hypothesis and showed the reaction
    c) She helped organize the event

Correct Answers:

1. c) The chemical reaction between baking soda and vinegar
2. b) In the school laboratory
3. b) Nervous but excited
4. c) Students and teachers
5. b) She explained her hypothesis and showed the reaction

- Chapter Twenty -
A SUMMER VACATION

Vacanța de Vară

Anna și familia ei au decis să facă o vacanță de vară. Și-au făcut bagajele, au aplicat cremă de protecție solară și s-au îndreptat spre plajă. Era o zi însorită, perfectă pentru înot și relaxare.

Au stat la un hotel mic lângă plajă. În fiecare zi, călătoreau în jurul insulei, explorând locuri noi. Anei îi plăcea să facă fotografii cu aparatul ei foto pentru a-și aminti de aventură.

Într-o zi, au decis să cumpere suveniruri pentru prietenii lor. Au găsit cochilii frumoase și cărți poștale. Anna a ales o bărcuță făcută manual ca amintire a călătoriei lor.

Seara, stăteau pe plajă, urmărind stelele. Anna se simțea fericită și relaxată. Această vacanță a fost o aventură pe care nu o va uita niciodată.

Vocabulary

Vacation	*Vacanță*
Beach	*Plajă*
Travel	*Călătorie*
Suitcase	*Valiză*
Hotel	*Hotel*
Sunscreen	*Cremă de protecție solară*
Swim	*Înot*
Map	*Hartă*
Tourist	*Turist*
Relax	*Relaxa*
Explore	*Explora*
Adventure	*Aventură*
Souvenir	*Suvenir*
Island	*Insulă*
Camera	*Aparat foto*

Questions About the Story

1. *What did Anna and her family do during their summer vacation?*

   a) Went skiing
   b) Went to the beach
   c) Visited a museum

2. *What did Anna use to capture memories of their vacation?*

   a) Her memory
   b) A diary
   c) A camera

3. *What type of souvenirs did Anna and her family buy?*

   a) Magnets and keychains
   b) Shells and postcards
   c) T-shirts and hats

4. *What was Anna's special souvenir from the trip?*

   a) A seashell necklace
   b) A beach towel
   c) A small, handmade boat

5. *Where did Anna and her family stay during their vacation?*

   a) In a tent
   b) In a large resort
   c) In a small hotel near the beach

Correct Answers:

1. b) Went to the beach
2. c) A camera
3. b) Shells and postcards
4. c) A small, handmade boat
5. c) In a small hotel near the beach

- Chapter Twenty-One -
THE BICYCLE RACE

Cursa de Biciclete

Mike s-a înscris într-o cursă de biciclete din orașul său. Și-a pus casca, a verificat cauciucurile bicicletei și s-a asigurat că are echipamentul potrivit pentru viteză. Pista de cursă era lungă și provocatoare, dar Mike era gata să concureze.

Când cursa a început, Mike a pedalat cât de repede a putut. Simțea vântul pe față și emoția competiției. S-a concentrat pe linia de finish, încercând să-și păstreze energia ridicată.

În jurul lui, și alți cicliști își dădeau tot ce aveau mai bun. Mike știa că trebuie să-și mențină viteza pentru a câștiga. Pe măsură ce se apropiau de linia de finish, Mike a dat tot ce avea mai bun și a trecut primul linia.

A câștigat cursa! Mike s-a simțit mândru și fericit. Era acum campionul cursei de biciclete.

Vocabulary

Bicycle	*Bicicletă*
Race	*Cursă*
Helmet	*Cască*
Pedal	*Pedala*
Speed	*Viteză*
Track	*Pistă*
Compete	*Concura*
Finish line	*Linia de finish*
Tire	*Cauciuc*
Champion	*Campion*
Route	*Traseu*
Energy	*Energie*
Cyclist	*Ciclist*
Gear	*Echipament*
Victory	*Victorie*

Questions About the Story

1. *What did Mike do to prepare for the bicycle race?*

    a) Checked his bicycle's tires
    b) Put on his running shoes
    c) Packed a lunch

2. *What was Mike's feeling during the race?*

    a) Scared
    b) Excited
    c) Tired

3. *How did Mike feel about the race track?*

    a) Easy
    b) Boring
    c) Long and challenging

4. *What was essential for Mike to win the race?*

    a) Speed
    b) A new bike
    c) A cheering crowd

5. *What did Mike focus on to keep his energy high?*

    a) The start line
    b) The other cyclists
    c) The finish line

Correct Answers:

1. a) Checked his bicycle's tires
2. b) Excited
3. c) Long and challenging
4. a) Speed
5. c) The finish line

- Chapter Twenty-Two -
A NIGHT AT THE CAMPING

O Noapte la Camping

Sarah și prietenii ei au mers la camping în pădure. Și-au instalat cortul lângă un lac frumos. Pe măsură ce noaptea cobora, au aprins un foc de tabără și au copt bezele.

Pădurea era liniștită, iar cerul era plin de stele. Au împărtășit povești și s-au bucurat de liniștea naturii. Sarah se simțea fericită să fie departe de orașul aglomerat.

Înainte de a merge la somn, au pornit lanternele pentru a găsi drumul înapoi la cort. Noaptea era întunecată, dar focul îi ținea calzi.

Stând în cort, au ascultat sunetele pădurii. A fost o noapte perfectă pentru camping. Sarah se gândea cât de mult îi plăcea liniștea și stelele.

Vocabulary

Camping	*Camping*
Tent	*Cort*
Fire	*Foc*
Marshmallow	*Bezea*
Forest	*Pădure*
Star	*Steaua*
Sleep	*Somn*
Dark	*Întuneric*
Flashlight	*Lanternă*
Backpack	*Rucsac*
Nature	*Natură*
Quiet	*Liniște*
Campfire	*Foc de tabără*
Night	*Noapte*
Lake	*Lac*

Questions About the Story

1. *What did Sarah and her friends do as night fell during their camping trip?*

   a) They went to sleep immediately
   b) They lit a campfire and roasted marshmallows
   c) They packed up and went home

2. *What made Sarah feel happy while camping?*

   a) The busy city life
   b) The sound of cars passing by
   c) The peacefulness of nature

3. *What did Sarah and her friends use to find their way back to the tent?*

   a) A map
   b) Flashlights
   c) A compass

4. *How did Sarah and her friends feel about the forest at night?*

   a) Scared and uneasy
   b) Curious and adventurous
   c) Peaceful and content

5. *What kept Sarah and her friends warm at night?*

   a) Their sleeping bags
   b) The campfire
   c) Hot drinks

Correct Answers:

1. b) They lit a campfire and roasted marshmallows
2. c) The peacefulness of nature
3. b) Flashlights
4. c) Peaceful and content
5. b) The campfire

- Chapter Twenty-Three -
THE FAMILY REUNION

Reuniunea de Familie

Vara trecută, Emma a participat la o reuniune de familie. Aceasta a avut loc la casa bunicilor săi, unde s-au adunat toți rudarii ei, inclusiv verișori, mătuși și unchi. Ei au organizat un mare grătar în grădină.

Toată lumea râdea și împărtășea povești din trecut. Bunicii Emmei povesteau despre tinerețea lor, ceea ce toți au găsit amuzant și emoționant. Erau îmbrățișări și zâmbete peste tot pe măsură ce membrii familiei se reuneau.

Au făcut multe fotografii pentru a captura amintirile zilei. Reuniunea a fost o celebrare a legăturilor familiale și a dragostei. S-au bucurat de o sărbătoare împreună, simțind bucuria de a fi împreună după mult timp.

Emma s-a simțit recunoscătoare pentru familia ei. Reuniunea i-a reamintit de legătura puternică pe care o împărtășeau. Aștepta cu nerăbdare mai multe întâlniri în viitor.

Vocabulary

Family	Familie
Reunion	Reuniune
Cousin	Verișor
Barbecue	Grătar
Laugh	Râde
Story	Poveste
Grandparent	Bunic
Hug	Îmbrățișare
Together	Împreună
Memory	Amintire
Photo	Fotografie
Celebration	Sărbătoare
Feast	Sărbătoare
Joy	Bucurie
Relative	Rudă

Questions About the Story

1. *Where was the family reunion held?*

   a) At a park
   b) At Emma's house
   c) At her grandparents' house

2. *What did the family organize in the garden?*

   a) A dance party
   b) A big barbecue
   c) A swimming competition

3. *What were Emma's grandparents doing that everyone found amusing?*

   a) Performing magic tricks
   b) Singing
   c) Telling tales about their youth

4. *How did the family members feel during the reunion?*

   a) Indifferent
   b) Anxious
   c) Joyful and grateful

5. *What did Emma and her family do to capture memories of the day?*

   a) Painted a mural
   b) Wrote in a journal
   c) Took a lot of photos

Correct Answers:

1. c) At her grandparents' house
2. b) A big barbecue
3. c) Telling tales about their youth
4. c) Joyful and grateful
5. c) Took a lot of photos

- Chapter Twenty-Four -
A VISIT TO THE MUSEUM

Vizită la Muzeu

Liam și clasa lui au mers într-o excursie la muzeu. Erau entuziasmați să vadă expozițiile despre istorie și artă. Ghidul muzeului i-a condus prin galerii, explicând fiecare expoziție.

Au văzut sculpturi antice și picturi frumoase. Liam a fost fascinat de poveștile din spatele fiecărei lucrări de artă. Au învățat despre diferite culturi și au descoperit informații noi pentru ei.

Unul dintre punctele culminante a fost vederea unei statui dintr-o civilizație antică. Liam a luat notițe și a pus multe întrebări ghidului. Dorea să învețe cât mai mult posibil.

Vizita la muzeu a fost o aventură educațională. Liam și colegii săi au plecat inspirați și dornici să exploreze mai mult despre istorie și artă.

Vocabulary

Museum	Muzeu
Exhibit	Expoziție
History	Istorie
Art	Artă
Guide	Ghid
Sculpture	Sculptură
Painting	Pictură
Ticket	Bilet
Tour	Excursie
Ancient	Antic
Culture	Cultură
Discover	Descoperi
Information	Informație
Statue	Statuie
Gallery	Galerie

Questions About the Story

1. *What was the purpose of Liam and his class's visit to the museum?*

   a) To see exhibits about history and art
   b) To participate in an art competition
   c) To attend a music concert

2. *Who led Liam and his class through the museum?*

   a) Their teacher
   b) A museum guide
   c) A famous artist

3. *What did Liam find fascinating at the museum?*

   a) Modern art installations
   b) Ancient sculptures and beautiful paintings
   c) Interactive science exhibits

4. *What did Liam do when he saw the statue from an ancient civilization?*

   a) He ignored it
   b) He took notes and asked many questions
   c) He drew a sketch of it

5. *What did Liam and his classmates learn about at the museum?*

   a) Different cultures
   b) Cooking recipes
   c) Sports history

Correct Answers:

1. a) To see exhibits about history and art
2. b) A museum guide
3. b) Ancient sculptures and beautiful paintings
4. b) He took notes and asked many questions
5. a) Different cultures

- Chapter Twenty-Five -
THE BOOK CLUB

Clubul de Carte

Anna s-a alăturat unui club de carte din cartierul ei. În fiecare lună, aleg un roman de citit și de discutat. Luna aceasta, au citit o poveste fascinantă cu personaje intrigante și un complot complex.

La întâlnire, membrii și-au împărtășit opiniile și interpretările cărții. Au vorbit despre stilul autorului și temele explorate în poveste. Toți aveau puncte de vedere diferite, ceea ce a făcut discuția vie și interesantă.

Anna s-a bucurat să audă ce cred alții despre carte. A găsit enlightening să vadă cum o poveste poate fi percepută în atâtea moduri. Clubul a recomandat și alte cărți ale aceluiași autor și din genuri similare.

Făcând parte din clubul de carte, Anna a descoperit noi literaturi și a făcut prieteni care împărtășeau pasiunea ei pentru citit. Abia aștepta fiecare întâlnire și noile cărți pe care le-ar explora împreună.

Vocabulary

Book	*Carte*
Club	*Club*
Read	*Citit*
Discuss	*Discuta*
Author	*Autor*
Novel	*Roman*
Character	*Personaj*
Plot	*Complot*
Meeting	*Întâlnire*
Opinion	*Opinie*
Chapter	*Capitol*
Recommend	*Recomanda*
Genre	*Gen*
Theme	*Temă*
Literature	*Literatură*

Questions About the Story

1. *What activity does Anna participate in with her neighborhood?*

    a) Gardening
    b) Painting
    c) Reading books

2. *How often does the book club choose a new novel to read?*

    a) Every month
    b) Every week
    c) Every two months

3. *What did the book club members do at the meeting?*

    a) Practiced cooking
    b) Shared their opinions about the book
    c) Painted pictures

4. *How did Anna feel about the book club discussions?*

    a) Enlightened and interested
    b) Bored and uninterested
    c) Confused and overwhelmed

5. *What did the book club do besides discussing the current book?*

    a) Organized a picnic
    b) Took a group photo
    c) Recommended other books

Correct Answers:

1. c) Reading books
2. a) Every month
3. b) Shared their opinions about the book
4. a) Enlightened and interested
5. c) Recommended other books

- Chapter Twenty-Six -
SPORTS DAY

Ziua Sportului

Astăzi este Ziua Sportului la şcoală. Toată lumea este entuziasmată pentru competiţie. Echipele sunt pregătite, iar sportivii se încălzesc pe pista. Aerul este umplut de sunetul oamenilor care încurajează.

Prima probă este cursa. Mark aleargă cât de repede poate, cu ochii pe linia de sosire. Câştigă cursa şi se simte mândru când primeşte o medalie. Antrenorul îi face semn de aprobare, iar echipa sa îl încurajează cu entuziasm.

Următoarea este săritura în lungime. Sarah respiră adânc şi aleargă. Sare cu toată forţa şi câştigă o altă medalie pentru echipa ei. Toată lumea aplaudă performanţa ei.

La sfârşitul zilei, echipa cu cele mai multe medalii câştigă trofeul. S-au antrenat din greu pentru această zi, iar efortul lor a fost răsplătit. Ziua Sportului a fost un succes, plină de distracţie, competiţie şi spirit de echipă.

Vocabulary

Competition	*Competiție*
Team	*Echipă*
Medal	*Medalie*
Race	*Cursă*
Jump	*Săritură*
Run	*Aleargă*
Winner	*Câștigător*
Coach	*Antrenor*
Sport	*Sport*
Cheer	*Încurajare*
Athlete	*Atlet*
Track	*Pistă*
Strength	*Forță*
Practice	*Antrenament*
Trophy	*Trofeu*

Questions About the Story

1. *What event did Mark participate in during Sports Day?*

    a) Race
    b) Long jump
    c) Soccer

2. *Who won the race?*

    a) Sarah
    b) The coach
    c) Mark

3. *What did Mark feel after winning the race?*

    a) Sad
    b) Proud and happy
    c) Indifferent

4. *What event did Sarah win?*

    a) Race
    b) Long jump
    c) Chess

5. *What did the team win at the end of the day?*

    a) A medal
    b) A trophy
    c) A certificate

Correct Answers:

1. a) Race
2. c) Mark
3. b) Proud and happy
4. b) Long jump
5. b) A trophy

- Chapter Twenty-Seven -
THE MAGIC SHOW

Spectacolul de Magie

În seara aceasta, sala de festivități a orașului găzduiește un spectacol de magie. Magicianul, Leo, este pregătit să uimească publicul cu trucuri și iluzii. Sala este întunecată, cu excepția reflectorului de pe scenă.

Leo începe prin a face să dispară un iepure din pălăria sa. Publicul rămâne surprins și apoi aplaudă. Pentru următorul truc, cere unui voluntar să aleagă o carte. Cartea aleasă apare magic în buzunarul lui Leo!

Actul final este cel mai spectaculos. Leo flutură bagheta și, cu un "puf", dispare, doar pentru a reapărea în spatele publicului! Toți sunt uimiți și aplaudă zgomotos.

Pe măsură ce cortina cade, publicul continuă să aplaude, uimit de magia pe care au văzut-o. A fost o noapte plină de surprize și iluzii fermecătoare.

Vocabulary

Magic	*Magie*
Trick	*Truc*
Magician	*Magician*
Disappear	*Dispare*
Rabbit	*Iepure*
Hat	*Pălărie*
Applaud	*Aplauda*
Card	*Carte*
Illusion	*Iluzie*
Show	*Spectacol*
Wand	*Baghetă*
Audience	*Public*
Perform	*Performa*
Curtain	*Cortină*
Surprise	*Surpriză*

Questions About the Story

1. *Where was the magic show hosted?*

    a) School auditorium
    b) Town hall
    c) Local park

2. *What was the first trick Leo performed?*

    a) Pulled a rabbit from his hat
    b) Made himself disappear
    c) Picked a card from a volunteer

3. *How did Leo surprise the audience with the card trick?*

    a) The card floated in mid-air
    b) The card changed colors
    c) The chosen card appeared in his pocket

4. *What was Leo's final act?*

    a) Turning day into night
    b) Making a volunteer vanish
    c) Disappearing and reappearing behind the audience

5. *How did the audience react to Leo's final act?*

    a) With silence
    b) With boos
    c) With loud cheers

Correct Answers:

1. b) Town hall
2. a) Pulled a rabbit from his hat
3. c) The chosen card appeared in his pocket
4. c) Disappearing and reappearing behind the audience
5. c) With loud cheers

- Chapter Twenty-Eight -
AT THE BEACH

La Plajă

Emma și prietenii ei decid să petreacă ziua la plajă. Soarele strălucește, și o briză ușoară răcorește aerul. Își întind prosoapele pe nisipul fin și instalează un parasolar.

Copiii construiesc un castel de nisip aproape de mal, în timp ce Emma și prietenii ei se bronzează și discută. Ei urmăresc pescărușii zburând și ascultă valurile spărgându-se.

După un timp, toți merg să înoate. Apa este răcoroasă. Ei se stropesc și se joacă în valuri, râzând și distrându-se de minune.

Pe măsură ce ziua se încheie, își strâng lucrurile, lăsând urme în nisip. Ziua la plajă a fost perfectă, plină de distracție, relaxare și frumusețea naturii.

Vocabulary

Sand	*Nisip*
Wave	*Val*
Shell	*Scoică*
Towel	*Prosop*
Sunbathe	*Bronzat*
Castle	*Castel*
Ocean	*Ocean*
Seagull	*Pescăruș*
Shore	*Mal*
Swim	*Înot*
Bucket	*Găleată*
Sunburn	*Ardere solară*
Surf	*Surf*
Cool	*Răcoare*
Breeze	*Briză*

Questions About the Story

1. *What did Emma and her friends decide to do for the day?*

   a) Go hiking
   b) Visit the museum
   c) Spend the day at the beach

2. *What activity did the children engage in near the shore?*

   a) Playing volleyball
   b) Building a sandcastle
   c) Swimming

3. *What did Emma and her friends do while the children played?*

   a) They went for a swim
   b) They built a sandcastle
   c) They sunbathed and chatted

4. *How did Emma and her friends feel when they went for a swim?*

   a) Tired
   b) Cold
   c) Refreshed

5. *What did they do as the day ended?*

   a) Started a campfire
   b) Left footprints in the sand as they packed up
   c) Stayed for the night

Correct Answers:

1. c) Spend the day at the beach
2. b) Building a sandcastle
3. c) They sunbathed and chatted
4. c) Refreshed
5. b) Left footprints in the sand as they packed up

- Chapter Twenty-Nine -
THE PHOTOGRAPHY CONTEST

Concursul de Fotografie

Anna iubeşte să facă fotografii. Află despre un concurs de fotografie în oraşul ei. Tema este "Natura în Oraş". Anna este entuziasmată şi vrea să capteze imaginea perfectă.

Îşi ia aparatul foto şi se plimbă prin oraş. Anna caută cel mai bun unghi pentru a arăta natura în oraşul aglomerat. Fotografiază copacii din parc, păsările de pe stradă şi florile care cresc prin crăpăturile trotuarului.

După multe încercări, Anna îşi alege cea mai bună fotografie. Este o poză cu un fluture pe o floare, cu zgârie-nori în fundal. Editează fotografia pentru a se concentra mai mult pe fluture şi o trimite la concurs.

Săptămâni mai târziu, Anna primeşte veşti bune. Este câştigătoarea! Fotografia ei va fi expusă la primărie. Câştigă un premiu şi se simte mândră de lucrarea ei. Anna este fericită că a putut să arate frumuseţea naturii în oraş prin obiectivul ei.

Vocabulary

Camera	Aparat foto
Photograph	Fotografie
Picture	Imagine
Contest	Concurs
Image	Focalizare
Focus	Premiu
Prize	Capta
Capture	Obiectiv
Lens	Unghi
Angle	Încercare
Shot	Edita
Edit	Temă
Theme	Câştigător
Winner	Expoziţie
Exhibit	Wystawić

Questions About the Story

1. *What is the theme of the photography contest Anna participates in?*

   a) Urban Landscapes
   b) Nature in the City
   c) City Nightlife

2. *What subjects does Anna photograph for the contest?*

   a) Skyscrapers and streets
   b) People in the city
   c) Trees, birds, and flowers

3. *What makes Anna's winning photograph special?*

   a) It shows a crowded city scene
   b) It captures a butterfly on a flower with skyscrapers in the background
   c) It is a picture of a sunset over the city

4. *How does Anna feel after winning the photography contest?*

   a) Disappointed
   b) Confused
   c) Proud

5. *What does Anna do with her camera in the city?*

   a) Sells it
   b) Takes photographs
   c) Loses it

Correct Answers:

1. b) Nature in the City
2. c) Trees, birds, and flowers
3. b) It captures a butterfly on a flower with skyscrapers in the background
4. c) Proud
5. b) Takes photographs

- Chapter Thirty -
A PLAY IN THE PARK

O Piesă în Parc

Grupul local de teatru decide să pună în scenă o piesă în parc. Piesa este o comedie despre prietenie și aventură. Toți sunt entuziasmați pentru performanța în aer liber.

Lucas este regizorul. Lucrează cu actorii pentru a repeta replicile și acțiunile. Actorii poartă costume colorate și folosesc recuzită pentru a face scenele mai interesante.

În ziua spectacolului, mulți oameni vin în parc. Stau pe pături și scaune, așteptând să înceapă piesa. Când cortina se deschide, actorii apar pe scenă și piesa începe.

Publicul se bucură de piesă. Râd și aplaudă după fiecare scenă. Actorii se simt fericiți că aduc bucurie atâtor oameni.

După scena finală, publicul aplaudă intens. Actorii se înclină, iar Lucas mulțumește tuturor pentru că au venit. A fost o piesă de succes în parc, și toți speră să vadă mai multe în viitor.

Vocabulary

Play	*Piesă*
Actor	*Actor*
Stage	*Scenă*
Performance	*Spectacol*
Audience	*Public*
Script	*Scenariu*
Character	*Personaj*
Applause	*Aplauze*
Costume	*Costum*
Rehearse	*Repetiție*
Director	*Regizor*
Curtain	*Cortină*
Drama	*Dramă*
Props	*Recuzită*
Scene	*Scenă*

Questions About the Story

1. *What type of play does the local theater group decide to perform in the park?*

    a) A drama about history
    b) A comedy about friendship and adventure
    c) A musical about love

2. *Who is the director of the play?*

    a) Lucas
    b) Emma
    c) Sarah

3. *What do the actors use to make the scenes more interesting?*

    a) Special lighting effects
    b) Colorful costumes and props
    c) Pre-recorded music

4. *How does the audience watch the play?*

    a) Standing up
    b) Sitting on blankets and chairs
    c) Via a live stream

5. *What is the audience's reaction to the play?*

    a) They are bored
    b) They are confused
    c) They laugh and applaud

Correct Answers:

1. b) A comedy about friendship and adventure
2. a) Lucas
3. b) Colorful costumes and props
4. b) Sitting on blankets and chairs
5. c) They laugh and applaud

- Chapter Thirty-One -
THE HEALTH FAIR

Târgul de Sănătate

Centrul comunitar organizează un târg de sănătate. Scopul este de a învăța oamenii despre nutriție, exerciții fizice și wellness în general. Mulți doctori și experți vin să ofere sfaturi și să efectueze controale gratuite.

Emily este interesată să învețe mai multe despre un stil de viață sănătos. Ea vizitează diferite standuri la târg. La un stand, află despre importanța exercițiilor fizice. Un alt stand oferă sfaturi nutriționale pentru o dietă echilibrată.

Există și screening-uri pentru diverse controale de sănătate. Emily decide să facă un control, iar doctorul îi spune că este sănătoasă, dar ar trebui să facă exerciții mai regulat.

Emily pleacă de la târgul de sănătate simțindu-se motivată. A învățat multe despre cum să-și păstreze corpul sănătos. Plănuiește să înceapă să facă mai multe exerciții și să mănânce mai bine. Târgul de sănătate a fost un mod excelent pentru ea de a începe călătoria către wellness.

Vocabulary

Health	*Sănătate*
Fair	*Târg*
Nutrition	*Nutriție*
Exercise	*Exerciții fizice*
Doctor	*Doctor*
Check-up	*Control*
Wellness	*Wellness*
Booth	*Stand*
Advice	*Sfat*
Fitness	*Fitness*
Screen	*Screening*
Healthy	*Sănătos*
Diet	*Dietă*
Prevention	*Prevenție*
Hygiene	*Igienă*

Questions About the Story

1. *Where did the health fair take place?*

   a) At a school
   b) In a park
   c) At the community center

2. *What was the main goal of the health fair?*

   a) To promote local businesses
   b) To teach people about nutrition, exercise, and wellness
   c) To fundraise for the community center

3. *Which booth did Emily learn about the importance of exercise?*

   a) Nutrition booth
   b) Exercise booth
   c) Wellness booth

4. *What advice did another booth offer Emily?*

   a) To exercise more regularly
   b) To drink more water
   c) Nutritional advice for a balanced diet

5. *What did the doctor advise Emily after her health check-up?*

   a) She's healthy but should exercise more regularly
   b) She needs to eat more vegetables
   c) She should drink more water

Correct Answers:

1. c) At the community center
2. b) To teach people about nutrition, exercise, and wellness
3. b) Exercise booth
4. c) Nutritional advice for a balanced diet
5. a) She's healthy but should exercise more regularly

- Chapter Thirty-Two -
A BOAT TRIP

O Excursie cu Barca

Tom și prietenii săi decid să facă o excursie cu barca pe râu. Tom este căpitanul bărcii mici. Poartă veste de salvare pentru siguranță și încep călătoria devreme dimineața.

Apa este calmă, și văd pești înotând sub barcă. Soarele strălucește puternic, făcând apa să scânteieze. Navighează pe lângă maluri verzi, salutând alte bărci.

La prânz, ancorează lângă un loc frumos și iau prânzul pe punte. Împart sandvișuri și băuturi, bucurându-se de priveliște și de valurile blânde.

După pauză, își continuă călătoria. Văd păsări zburând deasupra râului și se bucură de aerul proaspăt. Călătoria se simte ca o aventură.

Pe măsură ce soarele apune, se întorc la port și acostează barca. Îi mulțumesc lui Tom pentru că a fost un căpitan grozav. A fost o zi perfectă pe apă, plină de distracție și relaxare.

Vocabulary

Boat	*Barcă*
River	*Râu*
Sail	*Naviga*
Captain	*Căpitan*
Fish	*Peşte*
Water	*Apă*
Trip	*Excursie*
Anchor	*Ancoră*
Deck	*Punte*
Wave	*Val*
Life jacket	*Vestă de salvare*
Port	*Port*
Voyage	*Călătorie*
Crew	*Echipaj*
Dock	*Doc*

Questions About the Story

1. *Who is the captain of the boat during the trip?*

    a) Tom
    b) One of Tom's friends
    c) A hired captain

2. *What safety gear did Tom and his friends wear on the boat?*

    a) Life jackets
    b) Helmets
    c) Elbow pads

3. *What time of day did they start their boat trip?*

    a) Early in the morning
    b) At noon
    c) In the evening

4. *What natural feature did they enjoy during their picnic on the deck?*

    a) Mountains
    b) Fish swimming under the boat
    c) Desert

5. *What did Tom and his friends do at noon during their boat trip?*

    a) Continued sailing
    b) Went swimming
    c) Had a picnic on the deck

Correct Answers:

1. a) Tom
2. a) Life jackets
3. a) Early in the morning
4. b) Fish swimming under the boat
5. c) Had a picnic on the deck

- Chapter Thirty-Three -
THE SCHOOL CONCERT

Concertul Școlar

Școala decide să organizeze un concert pentru a-și prezenta trupa muzicală și corul. Elevii au repetat săptămâni întregi, iar toată lumea este entuziasmată să performeze.

În noaptea concertului, publicul umple auditoriul școlii. Lumina se estompează, iar scena se luminează. Trupa începe să cânte, iar cântăreții încep să-și etaleze vocile. Muzica umple camera, și publicul este captivat.

În timpul concertului, mai mulți elevi au momente solo. Cântă pe instrumente sau vocalizează, arătându-și talentul. După fiecare reprezentație, publicul aplaudă entuziast, arătându-și aprecierea.

Cântecul final aduce toată lumea împreună pe scenă. Este un moment frumos, și când muzica se termină, aplauzele sunt furtunoase.

Concertul a fost un succes. Elevii se simt mândri de performanța lor, iar publicul pleacă fredonând ultimul cântec. A fost o noapte de neuitat, plină de muzică și bucurie.

Vocabulary

Concert	Concert
Music	Muzică
Band	Trupă
Sing	Cânta
Audience	Public
Stage	Scenă
Instrument	Instrument
Perform	Performa
Choir	Cor
Song	Cântec
Applause	Aplauze
Microphone	Microfon
Rehearsal	Repetiție
Solo	Solo
Note	Notă

Questions About the Story

1. *What event does the story describe?*

    a) A school play
    b) A school concert
    c) A sports day

2. *What did the students do to prepare for the concert?*

    a) Practiced for weeks
    b) Studied science experiments
    c) Rehearsed a play

3. *How did the audience react to the concert?*

    a) They were silent
    b) They left early
    c) They applauded loudly

4. *What was the highlight of the concert?*

    a) The lighting
    b) The solos
    c) The costumes

5. *What brought everyone together on stage?*

    a) The opening song
    b) The final song
    c) An award ceremony

Correct Answers:

1. b) A school concert
2. a) Practiced for weeks
3. c) They applauded loudly
4. b) The solos
5. b) The final song

- Chapter Thirty-Four -
A WINTER FESTIVAL

Festivalul de Iarnă

Orașul organizează un festival de iarnă în fiecare an. Anul acesta, Lucy și familia ei decid să participe la distracție. Festivalul este plin de activități, cum ar fi patinajul pe gheață, luptele cu bulgări de zăpadă și consumul de cacao caldă.

Încep cu patinajul pe gheață pe iazul înghețat. La început, Lucy este puțin stângace, dar curând alunecă pe gheață ca un profesionist. Râd și se bucură de aerul proaspăt de iarnă.

Apoi, au o luptă cu bulgări de zăpadă, construind forturi din zăpadă. Fulgii de zăpadă cad ușor, adăugând la distracție. După bătălie, se încălzesc cu cacao caldă lângă șemineu, simțindu-se confortabil.

Momentul culminant al festivalului este plimbarea cu sania. Se înfășoară în eșarfe și mănuși și se bucură de plimbare prin străzile înzăpezite, simțind frigul, dar iubind căldura de a fi împreună.

Festivalul de iarnă aduce bucurie și căldură în sezonul rece. Lucy și familia ei pleacă acasă simțindu-se fericiți și mulțumiți, așteptând cu nerăbdare anul viitor.

Vocabulary

Festival	*Festival*
Ice skating	*Patinaj pe gheață*
Snowball	*Bulgăre de zăpadă*
Hot cocoa	*Cacao caldă*
Winter	*Iarnă*
Snowflake	*Fulg de zăpadă*
Mittens	*Mănuși*
Scarf	*Eșarfă*
Fireplace	*Șemineu*
Celebration	*Sărbătoare*
Chill	*Frig*
Sleigh	*Sanie*
Frost	*Brumă*
Warmth	*Căldură*
Cozy	*Confortabil*

Questions About the Story

1. *What is the theme of the winter festival?*

   a) Sports competitions
   b) Food tasting
   c) Ice skating and snow activities

2. *What activity did Lucy find challenging at first?*

   a) Sleigh riding
   b) Snowball fighting
   c) Ice skating

3. *How did Lucy and her family feel during the sleigh ride?*

   a) Scared
   b) Excited but cold
   c) Bored

4. *What did Lucy and her family do to warm up after the snowball fight?*

   a) Went home
   b) Drank hot cocoa by the fireplace
   c) Continued playing in the snow

5. *What makes the winter festival special for Lucy and her family?*

   a) Winning a prize
   b) The cold weather
   c) The joy and warmth of being together

Correct Answers:

1. c) Ice skating and snow activities
2. c) Ice skating
3. b) Excited but cold
4. b) Drank hot cocoa by the fireplace
5. c) The joy and warmth of being together

- Chapter Thirty-Five -
THE HOMEMADE ROBOT

Robotul Făcut Acasă

Jake îi place să inventeze lucruri. Într-o zi, decide să construiască un robot. Adună baterii, fire şi alte componente. Lucrează în camera lui, proiectând şi programând noul său prieten.

După multe ore, robotul lui Jake este gata. Îl numeşte Robo. Robo poate să se mişte, să vorbească şi chiar să ajute la teme. Jake foloseşte o telecomandă pentru a-l opera pe Robo şi îl arată prin casă.

Familia lui Jake este uimită de Robo. Urmăresc cum Robo ridică jucării şi curăţă camera. Jake este mândru de invenţia sa. Plănuieşte mai multe experimente pentru a îmbunătăţi funcţiile lui Robo.

Robo devine o parte din familia lui Jake. Jake învaţă multe despre tehnologie şi maşinării prin intermediul lui Robo. Visează să devină un mare inventator, creând mai mulţi roboţi pentru a ajuta oamenii.

Vocabulary

Robot	Robot
Build	Construi
Program	Programa
Battery	Baterie
Control	Control
Invent	Inventa
Machine	Maşină
Design	Proiecta
Circuit	Circuit
Technology	Tehnologie
Sensor	Senzor
Operate	Opera
Experiment	Experiment
Function	Funcţie
Automatic	Automat

Questions About the Story

1. *What does Jake love to do?*

    a) Cook
    b) Invent things
    c) Play sports

2. *What is the name of Jake's robot?*

    a) Robo
    b) Buddy
    c) Sparky

3. *What can Robo do?*

    a) Sing
    b) Dance
    c) Help with homework

4. *How does Jake operate Robo?*

    a) Voice commands
    b) A remote control
    c) An app

5. *What is Jake's family's reaction to Robo?*

    a) Scared
    b) Amazed
    c) Indifferent

Correct Answers:

1. b) Invent things
2. a) Robo
3. c) Help with homework
4. b) A remote control
5. b) Amazed

- Chapter Thirty-Six -
A SCIENCE EXPERIMENT

Experimentul Științific

Sara este o elevă curioasă care iubește știința. Pentru proiectul ei școlar, decide să conducă un experiment în laborator. Vrea să înțeleagă reacțiile chimice.

Cu ochelari de protecție pe ochi, Sara măsoară cu atenție substanțele chimice și le toarnă într-un tub de test. Observă cum soluția își schimbă culoarea și se formează bule. Își notează observațiile și ipoteza.

Profesorul ei urmărește și aprobă din cap. Sara își explică experimentul clasei, arătându-și datele și rezultatele. Prietenii ei sunt impresionați de cunoștințele ei și de reacția captivantă.

Experimentul Sarei câștigă târgul de știință al școlii. Se simte mândră și entuziasmată pentru realizarea ei. Își dă seama că știința este despre explorare și descoperirea minunilor lumii.

Vocabulary

Experiment	*Experiment*
Science	*Știință*
Test tube	*Tub de test*
Measure	*Măsura*
Observation	*Observație*
Laboratory	*Laborator*
Chemical	*Substanță chimică*
Reaction	*Reacție*
Hypothesis	*Ipoteză*
Data	*Date*
Result	*Rezultat*
Research	*Cercetare*
Safety goggles	*Ochelari de protecție*
Solution	*Soluție*
Analyze	*Analiza*

Questions About the Story

1. *What is Sara's school project about?*

   a) Physics
   b) Chemical reactions
   c) Biology

2. *What does Sara wear for safety during her experiment?*

   a) Apron
   b) Safety goggles
   c) Gloves

3. *What happens to the solution in the test tube during Sara's experiment?*

   a) It freezes
   b) It changes color and bubbles
   c) It becomes solid

4. *Who observes Sara conducting her experiment?*

   a) Her friends
   b) Her parents
   c) Her teacher

5. *What does Sara do with her observations?*

   a) Tells her friends
   b) Writes them down
   c) Ignores them

Correct Answers:

1. b) Chemical reactions
2. b) Safety goggles
3. b) It changes color and bubbles
4. c) Her teacher
5. b) Writes them down

- Chapter Thirty-Seven -
THE LIBRARY ADVENTURE

Aventura la Bibliotecă

Emily vizitează biblioteca pentru a găsi o carte pentru proiectul ei de istorie. Pe măsură ce caută printre rafturile de cărți, descoperă o carte misterioasă fără titlu. Intrigată, o deschide și găsește o hartă care conduce la o secțiune ascunsă a bibliotecii.

Cu un sentiment de aventură, Emily urmează harta. Șoptește pentru ea însăși, entuziasmată de mister. Bibliotecara o privește cu un zâmbet, cunoscând secretele bibliotecii.

În cele din urmă, Emily găsește secțiunea ascunsă. Este plină de cărți antice și povești. Petrece ore întregi citind și descoperind lucruri noi. Împrumută câteva cărți, nerăbdătoare să învețe mai mult acasă.

Când returnează cărțile, Emily îi mulțumește bibliotecarei pentru incredibila aventură. A găsit nu doar cărți, ci și o dragoste pentru lectură și explorarea necunoscutului.

Vocabulary

Library	Bibliotecă
Bookshelf	Raft de cărți
Adventure	Aventură
Mystery	Mister
Librarian	Bibliotecar
Catalog	Catalog
Whisper	Șoaptă
Discover	Descoperi
Title	Titlu
Author	Autor
Chapter	Capitol
Story	Poveste
Borrow	Împrumuta
Return	Returna
Reading	Lectură

Questions About the Story

1. *What does Emily discover in the library?*

   a) A mysterious book
   b) A hidden door
   c) A secret map

2. *What does the mysterious book contain?*

   a) A spell
   b) A map to a hidden section
   c) A history of the library

3. *Who watches Emily with a knowing smile?*

   a) A friend
   b) A ghost
   c) The librarian

4. *What is Emily's main purpose for visiting the library?*

   a) To return a book
   b) To meet friends
   c) To find a book for her history project

5. *How does Emily feel when following the map?*

   a) Scared
   b) Excited
   c) Confused

Correct Answers:

1. a) A mysterious book
2. b) A map to a hidden section
3. c) The librarian
4. c) To find a book for her history project
5. b) Excited

- Chapter Thirty-Eight -
A HIKING TRIP

Excursie la Munte

Tom şi Lisa decid să facă o excursie la munte. Îşi împachetează rucsacurile cu apă, o hartă şi un busol. Entuziasmaţi să fie aproape de natură, încep aventura lor devreme dimineaţa.

Urmărind un traseu marcat, trec printr-o pădure densă, ascultând sunetele vieţii sălbatice din jurul lor. Calea este abruptă, dar Tom şi Lisa se bucură de fiecare pas, simţind aerul proaspăt de munte.

La jumătatea drumului, opresc pentru a campa. Îşi instalează cortul şi se bucură de priveliştea uimitoare a văii de mai jos. Noaptea este paşnică, şi adorm sub stele.

A doua zi, ajung pe vârf. Vederea de sus este uluitoare. Explorează zona, făcând fotografii pentru a-şi aminti călătoria. Mulţumiţi, îşi încep coborârea, plănuind deja următoarea excursie.

Vocabulary

Hike	*Excursie*
Trail	*Traseu*
Backpack	*Rucsac*
Map	*Hartă*
Compass	*Busolă*
Nature	*Natură*
Mountain	*Munte*
Forest	*Pădure*
Camp	*Camping*
View	*Priveliște*
Path	*Cale*
Wildlife	*Viață sălbatică*
Tent	*Cort*
Summit	*Vârf*
Explore	*Explora*

Questions About the Story

1. *What do Tom and Lisa decide to do?*

   a) Have a picnic
   b) Go on a hiking trip
   c) Go fishing

2. *What do they pack in their backpacks?*

   a) Water, a map, and a compass
   b) Sunscreen and a beach towel
   c) A laptop and headphones

3. *Where do they decide to camp?*

   a) At the beach
   b) In a forest clearing
   c) Halfway up the mountain

4. *What is the view like from the summit?*

   a) Breathtaking
   b) Cloudy
   c) Foggy

5. *What do they do at the summit?*

   a) Start a fire
   b) Build a snowman
   c) Take photos

Correct Answers:

1. b) Go on a hiking trip
2. a) Water, a map, and a compass
3. c) Halfway up the mountain
4. a) Breathtaking
5. c) Take photos

- Chapter Thirty-Nine -
THE SCHOOL DANCE

Balul Școlar

Sala de sport a școlii este transformată pentru balul anual al școlii. Lumini colorate și muzică umplu camera, creând o atmosferă animată. Emma și prietenii ei sunt entuziasmați, îmbrăcați în cele mai bune ținute ale lor.

Muzica începe, și toată lumea începe să danseze. La început, Emma se simte timidă, dar curând găsește ritmul și începe să se miște cu încredere. Râde și se bucură de moment, simțind bătăile muzicii.

Jake, un prieten din clasă, o invită pe Emma la dans. Împreună, se alătură celorlalți pe ringul de dans, mișcându-se în pas cu o melodie preferată. Camera este plină de energie și râsete pe măsură ce elevii se bucură de noapte.

Când se cântă ultimul cântec, Emma și prietenii ei se adună în cerc, ținându-se de mână și dansând. Sunt fericiți și recunoscători pentru seara distractivă. Balul școlar este o amintire pe care o vor prețui.

Vocabulary

Dance	*Dans*
Music	*Muzică*
Friend	*Prieten*
Dress	*Rochie*
Suit	*Costum*
Gym	*Sală de sport*
Move	*Mişcare*
Beat	*Bătaie*
Partner	*Partener*
Fun	*Distracţie*
Song	*Cântec*
DJ	*DJ*
Step	*Pas*
Laugh	*Râs*
Enjoy	*Bucura*

Questions About the Story

1. *What did Tom and Lisa decide to do?*

   a) Go on a beach vacation
   b) Take a boat trip
   c) Go on a hiking trip in the mountains

2. *What did they bring with them for the hike?*

   a) Just a map
   b) Water, a map, and a compass
   c) Only their cellphones

3. *Where did they stop to camp?*

   a) At the summit
   b) Halfway up the mountain
   c) In the dense forest

4. *What was the atmosphere like during their hike?*

   a) Noisy and crowded
   b) Quiet and filled with the sounds of wildlife
   c) Extremely windy and uncomfortable

5. *What did they do at the summit?*

   a) Decided to camp there
   b) Took photos to remember their journey
   c) Called for help to descend

Correct Answers:

1. c) Go on a hiking trip in the mountains
2. b) Water, a map, and a compass
3. b) Halfway up the mountain
4. b) Quiet and filled with the sounds of wildlife
5. b) Took photos to remember their journey

- Chapter Forty -
AN UNEXPECTED JOURNEY

O Călătorie Neașteptată

Mark primește o scrisoare misterioasă cu o hartă și o invitație pentru o călătorie neașteptată. Intrigat, își împachetează rucsacul și pornește, nerăbdător să descopere ce îl așteaptă.

Urmând harta, Mark călătorește prin diverse peisaje, fiecare mai frumos decât celălalt. Întâlnește un ghid cunoscător care împărtășește povești despre cultura locală și reperele importante.

Aventura lor îi poartă prin ruine antice, peste râuri și în orașe vibrante. Pe drum, Mark învață și experimentează lucruri pe care nu și le-a imaginat niciodată. Călătoria îi învață valoarea explorării și frumusețea descoperirii necunoscutului.

Când Mark se întoarce acasă, își dă seama că adevărata comoară a fost însăși călătoria și amintirile pe care le-a creat. Așteaptă cu nerăbdare următoarea aventură, cu entuziasm și inimă deschisă.

Vocabulary

Journey	*Călătorie*
Surprise	*Surpriză*
Destination	*Destinație*
Travel	*Călători*
Map	*Hartă*
Discover	*Descoperi*
Adventure	*Aventură*
Guide	*Ghid*
Explore	*Explora*
Route	*Traseu*
Vehicle	*Vehicul*
Backpack	*Rucsac*
Landmark	*Reper*
Culture	*Cultură*
Experience	*Experiență*

Questions About the Story

1. *What does Mark receive that inspires him to start his journey?*

    a) A mysterious letter and a map
    b) A phone call from a friend
    c) A digital message

2. *What does Mark pack for his journey?*

    a) Just a camera and a notebook
    b) A backpack with water, a map, and a compass
    c) Only his phone and wallet

3. *Who does Mark meet that helps him during his journey?*

    a) A mysterious stranger
    b) A family member
    c) A knowledgeable guide

4. *What types of landscapes does Mark travel through?*

    a) Deserts and cities only
    b) Mountains and forests
    c) Ancient ruins, rivers, and vibrant cities

5. *What does Mark learn is the real treasure from his journey?*

    a) Gold and jewels
    b) The journey itself and the memories made
    c) A hidden artifact

Correct Answers:

1. a) A mysterious letter and a map
2. b) A backpack with water, a map, and a compass
3. c) A knowledgeable guide
4. c) Ancient ruins, rivers, and vibrant cities
5. b) The journey itself and the memories made

- Chapter Forty-One -
THE CULTURAL FESTIVAL

Festivalul Cultural

Piaţa oraşului prinde viaţă cu ocazia Festivalului Cultural anual. Standuri colorate mărginesc străzile, fiecare reprezentând diferite culturi cu muzică, dans şi costume tradiţionale. Anna şi Ben sunt entuziasmaţi să exploreze.

Încep cu o reprezentaţie de dans, unde dansatorii în costume vibrante se mişcă pe ritmuri de muzică tradiţională. Anna şi Ben aplaudă, captivaţi de energia şi măiestria lor.

Apoi, se plimbă printre tarabele cu mâncare, degustând feluri de mâncare din întreaga lume. Aromele sunt îmbietoare, iar fiecare muşcătură este o descoperire a unor noi arome.

La standul de meşteşuguri, admiră lucrări de mână care spun poveşti ale patrimoniului şi tradiţiei. Privesc o paradă de performeri, fiecare grup prezentând cu mândrie cultura sa.

Festivalul este o sărbătoare a diversităţii şi unităţii. Anna şi Ben pleacă cu o apreciere mai profundă pentru culturile lumii, inimile lor pline de muzică şi minţile îmbogăţite de cunoştinţe noi.

Vocabulary

Festival	*Festival*
Culture	*Cultură*
Dance	*Dans*
Music	*Muzică*
Tradition	*Tradiție*
Costume	*Costum*
Food	*Mâncare*
Craft	*Meșteșug*
Parade	*Paradă*
Exhibit	*Expoziție*
Celebration	*Sărbătoare*
Performance	*Performanță*
Art	*Artă*
Booth	*Stand*
Heritage	*Patrimoniu*

Questions About the Story

1. *What prompted Tom and Lisa to pack for their adventure?*

    a) A hiking trip in the mountains
    b) A beach vacation
    c) A skiing holiday

2. *What did Tom and Lisa bring with them for the hike?*

    a) Sunscreen and a surfboard
    b) A map and a compass
    c) Ski equipment

3. *Where did Tom and Lisa decide to camp during their hike?*

    a) At the summit
    b) In a dense forest
    c) Near a beautiful valley

4. *What was the view like from the summit?*

    a) Cloudy and obscured
    b) Breathtaking
    c) No view, it was too dark

5. *What did Tom and Lisa do at the summit?*

    a) Set up their tent
    b) Took photos
    c) Went fishing

Correct Answers:

1. a) A hiking trip in the mountains
2. b) A map and a compass
3. c) Near a beautiful valley
4. b) Breathtaking
5. b) Took photos

- Chapter Forty-Two -
A DAY WITHOUT ELECTRICITY

O Zi Fără Electricitate

Într-o seară, o pană de curent plonjează orașul în întuneric. Emma și familia ei se găsesc fără electricitate. Aprind lumânări și se adună în sufragerie, o lanternă proiectând umbre pe pereți.

Liniștea fără zumzetul obișnuit al electronicei este ciudată, dar pașnică. Decid să joace jocuri de societate la lumina lumânărilor, râzând și bucurându-se de compania celorlalți într-un mod pe care nu l-au avut de mult timp.

Emma citește o carte la lumina unui felinar, povestea fiind mai captivantă în lumina pâlpâitoare. Afară, stelele strălucesc mai puternic fără lumina orașului, și familia iese să privească cerul nocturn, minunându-se de frumusețea stelelor.

Noaptea fără electricitate îi apropie pe membrii familiei, reamintindu-le de bucuria lucrurilor simple și frumusețea de a încetini ritmul.

Vocabulary

Electricity	*Electricitate*
Candle	*Lumânare*
Dark	*Întuneric*
Light	*Lumină*
Battery	*Baterie*
Flashlight	*Lanternă*
Quiet	*Linişte*
Read	*Citit*
Board game	*Joc de societate*
Night	*Noapte*
Family	*Familie*
Talk	*Vorbi*
Fire	*Foc*
Lantern	*Felinar*
Stars	*Stele*

Questions About the Story

1. *What event leads to the family spending time together without electricity?*

   a) A city-wide celebration
   b) A power outage
   c) A decision to unplug for the day

2. *What do Emma and her family use for light during the power outage?*

   a) Electric lamps
   b) Candles and a flashlight
   c) The light from their phones

3. *How does the family spend their time during the power outage?*

   a) Watching television
   b) Playing board games
   c) Sleeping early

4. *What does Emma do by the light of a lantern?*

   a) Cooks dinner
   b) Reads a book
   c) Plays a musical instrument

5. *What natural phenomenon is more visible due to the power outage?*

   a) Rainbows
   b) The stars
   c) Northern lights

Correct Answers:

1. b) A power outage
2. b) Candles and a flashlight
3. b) Playing board games
4. b) Reads a book
5. b) The stars

- Chapter Forty-Three -
THE BIG GAME

Meciul Mare

Echipa locală de fotbal a ajuns în finala campionatului, și întregul oraș vibrează de entuziasm. Astăzi este meciul mare, iar toată lumea se adună pe teren, purtând culorile echipei și gata să încurajeze.

Tom, vedeta echipei, simte greutatea așteptărilor, dar este hotărât să câștige. Antrenorul dă un discurs motivant, reamintindu-le echipelor de munca lor asiduă și dedicare.

Pe măsură ce meciul începe, mulțimea încurajează zgomotos. Competiția este acerbă, dar Tom reușește să marcheze golul victoriei în ultimele minute. Stadionul explodează de bucurie pe măsură ce echipa sărbătorește victoria.

După meci, echipa le mulțumește fanilor pentru suportul lor. Meciul mare nu a fost doar o victorie pentru echipă, ci o sărbătoare a spiritului comunitar și a lucrului în echipă.

Vocabulary

Game	*Meci*
Team	*Echipă*
Score	*Marca*
Win	*Câştiga*
Lose	*Pierde*
Player	*Jucător*
Coach	*Antrenor*
Field	*Teren*
Cheer	*Încuraja*
Uniform	*Uniformă*
Ball	*Minge*
Goal	*Gol*
Match	*Partidă*
Referee	*Arbitru*
Competition	*Competiţie*

Questions About the Story

1. *What event is the town excited about?*

    a) A local festival
    b) The championship football game
    c) A concert

2. *Who is the star player of the team?*

    a) The coach
    b) Tom
    c) The goalkeeper

3. *What did the coach do before the game started?*

    a) Gave a motivational speech
    b) Scored a goal
    c) Left the stadium

4. *How did the crowd react as the game started?*

    a) They were silent
    b) They booed
    c) They cheered loudly

5. *What was the outcome of the game?*

    a) The team lost
    b) The team won
    c) The game was canceled

Correct Answers:

1. b) The championship football game
2. b) Tom
3. a) Gave a motivational speech
4. c) They cheered loudly
5. b) The team won

- Chapter Forty-Four -
A MYSTERY GUEST

Oaspete Misterios

La petrecerea anuală a Annei, există un zumzet despre un oaspete misterios. Anna trimite invitații cu un indiciu: "Anul acesta, un oaspete surpriză va face seara noastră de neuitat." Toți sunt entuziasmați și încep să ghicească cine ar putea fi.

În seara petrecerii, oaspeții sosesc, plini de speculații și șoapte despre oaspetele misterios. Casa este plină de viață, cu râsete și muzică. Anna se bucură de entuziasm, dar păstrează secretul bine ascuns.

La mijlocul petrecerii, Anna adună pe toată lumea. "Este timpul să dezvăluim oaspetele nostru misterios!" anunță ea. Camera devine liniștită în așteptare. Apoi, dintr-o altă cameră, oaspetele misterios apare – este un muzician local faimos, un prieten de-al Annei care a fost în turneu în străinătate.

Oaspeții sunt încântați, izbucnind în aplauze și strigăte de bucurie. Muzicianul cântă câteva melodii, făcând seara cu adevărat memorabilă. Oaspetele misterios a fost punctul culminant al petrecerii, și toată lumea îi mulțumește Annei pentru o surpriză atât de minunată.

Vocabulary

Guest	Oaspete
Mystery	Mister
Invite	Invita
Party	Petrecere
Surprise	Surpriză
Guess	Ghici
Reveal	Dezvălui
Host	Gazdă
Evening	Seară
Secret	Secret
Clue	Indiciu
Discover	Descoperi
Whisper	Șoaptă
Excitement	Entuziasm
Unveil	Dezveli

Questions About the Story

1. *What was the occasion at Anna's house?*

    a) A birthday party
    b) An annual party
    c) A wedding celebration

2. *What clue did Anna provide about the surprise guest in the invites?*

    a) "A famous actor will join us."
    b) "This year, a surprise guest will make our evening
       unforgettable."
    c) "Guess who's coming to dinner."

3. *How did the guests react to the anticipation of the mystery guest?*

    a) They were indifferent
    b) They were excited and guessing
    c) They were confused

4. *Who was the mystery guest?*

    a) A famous author
    b) A local teacher
    c) A famous local musician

5. *What did the mystery guest do at the party?*

    a) Gave a speech
    b) Performed a few songs
    c) Cooked for the guests

Correct Answers:

1. b) An annual party
2. b) "This year, a surprise guest will make our evening unforgettable."
3. b) They were excited and guessing
4. c) A famous local musician
5. b) Performed a few songs

- Chapter Forty-Five -
THE CHARITY EVENT

Evenimentul Caritabil

Centrul comunitar organizează un eveniment caritabil pentru a sprijini o cauză locală. Toată lumea este invitată să participe, să doneze și să ajute la realizarea unei diferențe. Evenimentul include o licitație, unde obiectele donate de membrii comunității sunt scoase la licitație.

Sarah se oferă voluntar la eveniment, ajutând la organizarea obiectelor pentru licitație și la întâmpinarea oaspeților. Este impresionată de generozitatea oamenilor care vin împreună pentru a sprijini cauza.

Pe măsură ce licitația începe, centrul comunitar se umple de licitatori dornici. Fiecare obiect licitat adună mai mulți bani pentru cauză, iar Sarah simte un sentiment de mândrie și bucurie în efortul comunității sale.

Evenimentul este un succes, strângând fonduri semnificative. Sprijinul și generozitatea comunității depășesc așteptările, iar organizatorii le mulțumesc tuturor pentru contribuțiile și spiritul de dăruire.

Vocabulary

Charity	*Caritate*
Event	*Eveniment*
Donate	*Dona*
Fundraise	*Strângere de fonduri*
Volunteer	*Voluntar*
Help	*Ajutor*
Cause	*Cauză*
Support	*Sprijin*
Money	*Bani*
Auction	*Licitație*
Community	*Comunitate*
Generosity	*Generozitate*
Benefit	*Beneficiu*
Organize	*Organiza*
Contribution	*Contribuție*

Questions About the Story

1. *What type of event does the community center organize?*

    a) A music concert
    b) A charity event
    c) A sports tournament

2. *What is included in the charity event?*

    a) A fashion show
    b) An auction
    c) A cooking competition

3. *What role does Sarah play at the event?*

    a) Auctioneer
    b) Performer
    c) Volunteer

4. *What does Sarah feel about the community's effort?*

    a) Disappointed
    b) Indifferent
    c) Proud and joyful

5. *What does the auction contribute to?*

    a) Raising funds for a local cause
    b) Celebrating the community's anniversary
    c) Funding the community center's renovation

Correct Answers:

1. b) A charity event
2. b) An auction
3. c) Volunteer
4. c) Proud and joyful
5. a) Raising funds for a local cause

- Chapter Forty-Six -
LEARNING TO SKATE

Învățând să Patinezi

Emily decide să învețe să patineze pe gheață și se înscrie la lecții la patinoarul local. În prima zi, este atât nervoasă, cât și entuziasmată. Își pune patinele, pășește pe gheață și imediat se simte instabilă.

Antrenorul ei, domnul Jones, o încurajează să continue să încerce. "Echilibrul este cheia," spune el. Emily exersează alunecarea și virajele, simțindu-se treptat mai încrezătoare pe gheață. Cade de câteva ori, dar râde și se ridică din nou.

Cu fiecare lecție, abilitățile Emily se îmbunătățesc. Învață să patineze mai repede și cu mai multă agilitate. Frica de a cădea scade pe măsură ce devine mai confortabilă pe gheață.

La sfârșitul sezonului, Emily poate să patineze grațios în jurul patinoarului. Îi este recunoscătoare domnului Jones pentru răbdarea și îndrumarea lui. Învățând să patineze, a învățat nu doar despre echilibru pe gheață, ci și despre perseverență și depășirea temerilor.

Vocabulary

Skate	*Patina*
Ice	*Gheață*
Rink	*Patinoar*
Balance	*Echilibru*
Fall	*Cădea*
Helmet	*Cască*
Glide	*Aluneca*
Coach	*Antrenor*
Practice	*Exersa*
Boots	*Bocanci*
Turn	*Viraj*
Learn	*Învăța*
Speed	*Viteză*
Safety	*Siguranță*
Lesson	*Lecție*

Questions About the Story

1. *Why did Emily decide to take ice skating lessons?*

    a) She wanted to become a professional skater
    b) She was looking for a new hobby
    c) She wanted to learn something challenging

2. *How did Emily feel when she first stepped onto the ice?*

    a) Confident and ready
    b) Nervous and excited
    c) Disappointed and scared

3. *What key advice did Mr. Jones give to Emily?*

    a) Speed is everything
    b) Balance is key
    c) Practice makes perfect

4. *What was Emily's reaction to falling on the ice?*

    a) She gave up immediately
    b) She cried and felt embarrassed
    c) She laughed it off and got back up

5. *How did Emily's skills change over the course of her lessons?*

    a) They deteriorated due to lack of practice
    b) They slightly improved but not significantly
    c) She learned to skate faster and with more agility

Correct Answers:

1. c) She wanted to learn something challenging
2. b) Nervous and excited
3. b) Balance is key
4. c) She laughed it off and got back up
5. c) She learned to skate faster and with more agility

Chapter Forty-Seven

A HISTORICAL TOUR

Turul Istoric

Tom și Sara decid să participe la un tur istoric al orașului lor. Îl întâlnesc pe ghidul lor, domnul Lee, la intrarea în muzeu. "Astăzi, vom explora istoria bogată a orașului nostru," anunță domnul Lee.

Prima lor oprire este un castel grandios din secolul al 12-lea. "Acest castel a fost martor la multe evenimente importante," explică domnul Lee. Tom și Sara sunt fascinați de arhitectura antică și poveștile trecutului.

În continuare, vizitează ruinele unui monument vechi. Domnul Lee împărtășește povești despre oamenii care au trăit acolo odinioară. Tom și Sara se simt de parcă călătoresc înapoi în timp.

Turul se încheie la muzeu, unde văd artefacte și expoziții despre cultura și patrimoniul orașului. Învață despre uneltele, îmbrăcămintea și arta care au modelat istoria orașului lor.

Tom și Sara pleacă de la tur simțindu-se luminați și recunoscători pentru șansa de a descoperi trecutul orașului lor. Plănuiesc să exploreze mai multe locuri istorice împreună.

Vocabulary

Historical	Istoric
Tour	Tur
Monument	Monument
Guide	Ghid
Century	Secol
Castle	Castel
Museum	Muzeu
Artifact	Artefact
Explore	Explora
Ruins	Ruine
Discover	Descoperi
Ancient	Antic
Exhibition	Expoziție
Culture	Cultură
Heritage	Patrimoniu

Questions About the Story

1. *Who leads the historical tour Tom and Sara join?*

    a) Mr. Lee
    b) A museum curator
    c) A history professor

2. *What is the first historical site Tom and Sara visit on their tour?*

    a) A medieval village
    b) An ancient monument
    c) A grand castle from the 12th century

3. *What do Tom and Sara feel as they explore the castle?*

    a) Boredom
    b) Confusion
    c) Fascination and wonder

4. *Where does the tour end?*

    a) At the city hall
    b) Back at the museum
    c) In the city square

5. *What do Tom and Sara learn about at the museum?*

    a) Modern art
    b) The city's future plans
    c) The city's culture and heritage

Correct Answers:

1. a) Mr. Lee
2. c) A grand castle from the 12th century
3. c) Fascination and wonder
4. b) Back at the museum
5. c) The city's culture and heritage

- Chapter Forty-Eight -
THE BAKE SALE

Vânzarea de Prăjituri

Lisa și prietenii ei organizează o vânzare de prăjituri la școala lor pentru a strânge bani pentru un adăpost local de animale. Petrec întreaga zi înainte coacând torturi, fursecuri și plăcinte.

În ziua vânzării, Lisa amenajează o masă cu toate bunătățile delicioase. "Totul miroase atât de bine," gândește ea, sperând că mulți oameni vor cumpăra produsele lor de patiserie.

Vânzarea este un succes! Oamenilor le plac fursecurile dulci și torturile pufoase. Lisa și prietenii ei combină diferite ingrediente pentru a crea arome unice, care devin favoritele.

La sfârșitul zilei, aproape totul este vândut. Lisa numără banii și este încântată să vadă cât de mult au strâns pentru adăpostul de animale. "Această strângere de fonduri a fost o idee excelentă," spune ea.

Vânzarea de prăjituri nu doar că ajută adăpostul de animale, dar și aduce comunitatea împreună pentru o cauză dulce.

Vocabulary

Bake	*Coace*
Sale	*Vânzare*
Cake	*Tort*
Cookie	*Fursecuri*
Oven	*Cuptor*
Dough	*Aluat*
Mix	*Amesteca*
Recipe	*Rețetă*
Ingredient	*Ingredient*
Sweet	*Dulce*
Pie	*Plăcintă*
Fundraiser	*Strângere de fonduri*
Delicious	*Delicios*
Sugar	*Zahăr*
Flour	*Făină*

Questions About the Story

1. *What was the purpose of the bake sale organized by Lisa and her friends?*

    a) To fund a school trip
    b) To support a local animal shelter
    c) To buy new sports equipment for the school

2. *What items did Lisa and her friends bake for the sale?*

    a) Cakes, cookies, and pies
    b) Sandwiches and salads
    c) Vegan and gluten-free snacks

3. *What was Lisa's hope for the bake sale?*

    a) To sell out everything by noon
    b) To raise enough money for a new animal shelter
    c) That many people would buy their baked goods

4. *How did the community respond to the bake sale?*

    a) They ignored the sale
    b) They complained about the prices
    c) They loved the sweet cookies and the fluffy cakes

5. *What unique approach did Lisa and her friends take for their baked goods?*

    a) Using family recipes
    b) Mixing different ingredients to create unique flavors
    c) Baking everything with organic ingredients

Correct Answers:

1. b) To support a local animal shelter
2. a) Cakes, cookies, and pies
3. c) That many people would buy their baked goods
4. c) They loved the sweet cookies and the fluffy cakes
5. b) Mixing different ingredients to create unique flavors

- Chapter Forty-Nine -
THE TALENT SHOW

Spectacolul de Talente

Centrul comunitar local găzduiește un spectacol de talente unde toată lumea este invitată să performeze. Emma decide să cânte, iar fratele ei, Jake, va realiza un număr de magie.

Scena este pregătită, iar publicul este nerăbdător să vadă reprezentațiile. Emma este nervoasă, dar entuziasmată. Când îi vine rândul, cântă frumos, iar publicul aplaudă cu entuziasm.

Jake urmează cu trucurile lui de magie, făcând un iepure să dispară și apoi să reapară. Mulțimea este uimită și îi oferă un aplauz generos.

Jurații au dificultăți în a decide, dar, în final, acordă premii pentru cele mai remarcabile talente. Emma și Jake nu câștigă, dar sunt fericiți că au avut ocazia să performeze.

Spectacolul de talente unește comunitatea, celebrând diversele talente dintre ei. Emma și Jake așteaptă cu nerăbdare să participe din nou anul viitor.

Vocabulary

Talent	*Talent*
Show	*Spectacol*
Perform	*Performa*
Stage	*Scenă*
Audience	*Public*
Judge	*Judecător*
Act	*Act*
Sing	*Cânta*
Dance	*Dansa*
Magic	*Magie*
Award	*Premiu*
Applause	*Aplauze*
Contestant	*Concurent*
Juggle	*Face jonglerii*
Performer	*Performer*

Questions About the Story

1. *What event do Emma and Jake participate in?*

    a) A bake sale
    b) A talent show
    c) A school play

2. *What talent does Emma showcase at the talent show?*

    a) Dancing
    b) Singing
    c) Magic tricks

3. *What does Jake perform in the talent show?*

    a) A dance
    b) A song
    c) A magic act

4. *How does the audience react to Emma's performance?*

    a) They leave the room
    b) They boo
    c) They applaud loudly

5. *What magic trick does Jake perform?*

    a) Pulling a hat out of a rabbit
    b) Making a rabbit disappear and reappear
    c) Levitating

Correct Answers:

1. b) A talent show
2. b) Singing
3. c) A magic act
4. c) They applaud loudly
5. b) Making a rabbit disappear and reappear

- Chapter Fifty -
A DAY WITH GRANDPARENTS

O Zi cu Bunicii

Anna își vizitează bunicii pentru o zi. Ei locuiesc într-o casă cu o grădină mare. "Avem o zi specială planificată," spune bunica ei cu un zâmbet.

Întâi, coc împreună fursecuri. Bunica lui Anna îi învață cum să amestece aluatul. "Gătitul este o tradiție în familia noastră," explică ea. Se bucură de fursecurile calde la prânz.

După prânz, merg în grădină. Bunicul ei îi arată Annei cum să planteze semințe. "Grădinile sunt ca familiile; cresc cu dragoste și grijă," spune el.

Petrec după-amiaza privind fotografiile vechi de familie. "Aceste amintiri sunt prețioase," spune bunica ei, oferindu-i Annei o îmbrățișare.

Înainte de plecare, Anna își îmbrățișează bunicii. "Astăzi a fost minunat. Vă mulțumesc că m-ați învățat atât de multe," spune ea. Ei zâmbesc, fericiți să împărtășească înțelepciunea și dragostea lor.

Vocabulary

Grandparents	*Bunici*
Story	*Poveste*
Bake	*Coace*
Garden	*Grădină*
Teach	*Învăța*
Memory	*Amintire*
Love	*Dragoste*
Old	*Bătrân*
Wisdom	*Înțelepciune*
Photo	*Fotografie*
Lunch	*Prânz*
Hug	*Îmbrățișare*
Family	*Familie*
Tradition	*Tradiție*
Smile	*Zâmbet*

Questions About the Story

1. *What activity did Anna and her grandparents start with?*

   a) Planting seeds
   b) Baking cookies
   c) Looking at old family photos

2. *What metaphor did Anna's grandpa use to describe gardens?*

   a) Gardens need sunlight to grow
   b) Gardens are like families; they grow with love and care
   c) Gardens are full of surprises

3. *What did Anna and her grandparents enjoy after baking?*

   a) They went for a walk in the garden
   b) They had lunch and enjoyed the warm cookies
   c) They started planting seeds immediately

4. *What did Anna learn from her grandparents?*

   a) How to bake cookies and plant seeds
   b) The history of their family
   c) Both A and B

5. *What was the special day planned by Anna's grandparents?*

   a) A baking day
   b) A gardening day
   c) A day full of family activities

Correct Answers:

1. b) Baking cookies
2. b) Gardens are like families; they grow with love and care
3. b) They had lunch and enjoyed the warm cookies
4. c) Both A and B
5. c) A day full of family activities

- Chapter Fifty-One -
THE PUZZLE CHALLENGE

Provocarea Puzzle-ului

La şcoală, doamna Clark anunţă o provocare puzzle. "Acesta va testa logica şi lucrul în echipă," spune ea. Clasa este entuziasmată.

Fiecare echipă primeşte un puzzle cu multe piese. "Să ne gândim cu atenţie şi să lucrăm împreună," spune Leo, liderul echipei. Încep să rezolve puzzle-ul, încercând să potrivească piesele.

La jumătatea drumului, se blochează. "Trebuie să găsim piesa lipsă," spune Mia, căutând în jur. După un moment de gândire, găsesc indiciul care îi conduce la soluţie.

În cele din urmă, echipa lor este prima care completează puzzle-ul. "Bravo tuturor! Lucrul în echipă şi logica voastră au fost impresionante," îi laudă doamna Clark.

Provocarea puzzle-ului nu a fost doar un joc, ci o lecţie despre lucrul împreună şi rezolvarea problemelor.

Vocabulary

Puzzle	*Puzzle*
Challenge	*Provocare*
Solve	*Rezolva*
Piece	*Piesă*
Think	*Gândi*
Brain	*Creier*
Game	*Joc*
Clue	*Indiciu*
Mystery	*Mister*
Team	*Echipă*
Logic	*Logică*
Answer	*Răspuns*
Question	*Întrebare*
Riddle	*Ghicitoare*
Compete	*Concura*

Questions About the Story

1. *Who announces the puzzle challenge in school?*

    a) Mr. Lee
    b) Mrs. Clark
    c) Mia

2. *What is Leo's role in the team?*

    a) The team leader
    b) The class president
    c) The puzzle master

3. *What does Mia say when the team gets stuck?*

    a) "Let's give up."
    b) "We need to find the missing piece."
    c) "This is too hard."

4. *What was the key to completing the puzzle?*

    a) Cheating
    b) Asking the teacher for help
    c) Finding a missing piece

5. *How did Mrs. Clark praise the team?*

    a) "Your teamwork and logic were impressive."
    b) "You should have done better."
    c) "You were the slowest."

Correct Answers:

1. b) Mrs. Clark
2. a) The team leader
3. b) "We need to find the missing piece."
4. c) Finding a missing piece
5. a) "Your teamwork and logic were impressive."

- Chapter Fifty-Two -
A CAMPING MYSTERY

Misterul Campingului

În timpul unei excursii la camping, Mike și prietenii lui aud zgomote ciudate noaptea. "Ați auzit asta?" întreabă Mike, în timp ce stau în jurul focului de tabără.

Curioși, decid să investigheze cu lanternele. "Sună ca și cum ar veni din acea direcție," spune Sara, arătând spre pădurea întunecată.

Pe măsură ce urmăresc zgomotul, găsesc urme pe pământ. "Acestea par a fi urme de animale," observă Mike. Misterul se adâncește.

Deodată, văd o umbră mișcându-se. Se pregătesc pentru ceva înfricoșător, dar descoperă că este doar un câine pierdut. "El trebuie să fi făcut zgomotele," spune Sara, ușurată.

Se întorc la cortul lor, aducând câinele cu ei. "Această excursie la camping s-a transformat într-o aventură neașteptată," spune Mike, în timp ce toți râd și se bucură de restul nopții lor în siguranță lângă foc.

Vocabulary

Camping	*Camping*
Mystery	*Mister*
Tent	*Cort*
Night	*Noapte*
Forest	*Pădure*
Flashlight	*Lanternă*
Noise	*Zgomot*
Fire	*Foc*
Scary	*Înfricoşător*
Track	*Urmă*
Dark	*Întuneric*
Campfire	*Foc de tabără*
Investigate	*Investiga*
Shadow	*Umbră*
Scream	*Ţipăt*

Questions About the Story

1. *What do Mike and his friends hear at night during their camping trip?*

   a) Strange noises
   b) Music
   c) Thunder

2. *What do Mike and his friends use to investigate the strange noises?*

   a) Flashlights
   b) Mobile phones
   c) Lanterns

3. *Where do the strange noises seem to be coming from?*

   a) The lake
   b) Another campsite
   c) The dark forest

4. *What do Mike and his friends find on the ground that adds to the mystery?*

   a) A map
   b) Animal tracks
   c) A lost item

5. *What do Mike and his friends discover as the source of the noises?*

   a) A ghost
   b) A lost dog
   c) An owl

Correct Answers:

1. a) Strange noises
2. a) Flashlights
3. c) The dark forest
4. b) Animal tracks
5. b) A lost dog

- Chapter Fifty-Three -
DISCOVERING A NEW HOBBY

Descoperind un Nou Hobby

Emma se simțea plictisită de rutina ei obișnuită de weekend. Într-o zi, a decis să exploreze ceva nou pentru a-și trezi interesul. "Am nevoie de un hobby," și-a spus ea.

A început cu pictura, încercând să creeze piese simple de artă. Deși primele încercări nu au fost perfecte, s-a bucurat enorm de proces. "Este distractiv," și-a dat seama Emma, pe măsură ce amesteca culorile și urmărea cum ideile ei prindeau viață pe pânză.

Apoi, Emma și-a încercat mâna la meșteșugărit. A găsit bucurie în a face obiecte mici, decorative pentru casa ei. Fiecare meșteșug terminat îi dădea un sentiment de realizare.

Curiozitatea ei a crescut, ducând-o să exploreze fotografia. Emma a petrecut ore întregi captând frumusețea naturii cu camera ei. "Este atât de mult de văzut și învățat," s-a minunat ea, revizuindu-și fotografiile.

Călătoria Emmei în descoperirea de noi hobby-uri nu i-a adus doar entuziasm, ci și noi abilități și o apreciere mai profundă pentru creativitate. "Mă bucur că am decis să încerc ceva diferit," a reflectat ea, plănuind următoarea ei aventură în hobby-uri.

Vocabulary

Hobby	Hobby
Discover	Descoperi
Interest	Interes
Learn	Învăța
Practice	Exersa
Skill	Abilitate
Fun	Distracție
Activity	Activitate
Craft	Meșteșug
Paint	Picta
Collection	Colecție
Music	Muzică
Book	Carte
Photography	Fotografie
Drawing	Desen

Questions About the Story

1. *What motivates Emma to find a new hobby?*

    a) She felt bored with her usual weekend routine
    b) She wanted to join her friends
    c) She needed to complete a school project

2. *Which of the following is NOT a hobby that Emma tried?*

    a) Painting
    b) Photography
    c) Gardening

3. *How does Emma feel about her first attempts at painting?*

    a) Disappointed
    b) Indifferent
    c) Enjoyed the process immensely

4. *What realization does Emma have while engaging in her new hobbies?*

    a) She prefers outdoor activities
    b) She enjoys the process of learning and creating
    c) She wants to become a professional artist

5. *Which hobby did Emma explore last?*

    a) Painting
    b) Crafting
    c) Photography

Correct Answers:

1. a) She felt bored with her usual weekend routine
2. c) Gardening
3. c) Enjoyed the process immensely
4. b) She enjoys the process of learning and creating
5. c) Photography

- Chapter Fifty-Four -
THE FRIENDLY COMPETITION

Competiția Prietenoasă

La școală, ziua sportivă anuală era un eveniment plin de entuziasm și competiție prietenoasă. Alex și Jamie, doi buni prieteni, s-au înscris la cursa de ștafetă.

"Să câștige cea mai bună echipă," au spus unul altuia zâmbind, strângându-și mâinile înainte de cursă. Echipele lor erau pregătite, iar atmosfera era electrică de anticipație.

Pe măsură ce cursa a început, încurajările au umplut aerul. Alex și Jamie au alergat din toate puterile, pasând ștafeta fără probleme coechipierilor lor. Competiția a fost strânsă, dar în final, echipa lui Alex a câștigat la o fracțiune de secundă.

În ciuda înfrângerii, Jamie nu a fost supărat. "A fost o cursă grozavă," l-a felicitat Jamie pe Alex, "Echipa ta a fost extraordinară astăzi!"

Ambii au convenit că a câștiga era distractiv, dar participarea și bucuria jocului cu prietenii erau cu adevărat importante. Prietenia lor a rămas puternică, legată de spiritul competiției sănătoase.

Vocabulary

Competition	*Competiție*
Friendly	*Prietenos*
Win	*Câștiga*
Lose	*Pierde*
Prize	*Premiu*
Race	*Cursă*
Team	*Echipă*
Sport	*Sport*
Play	*Juca*
Challenge	*Provocare*
Score	*Scor*
Match	*Meci*
Fun	*Distracție*
Opponent	*Adversar*
Cheer	*Încuraja*

Questions About the Story

1. *What event brings Alex and Jamie to compete?*

    a) A science fair
    b) A relay race
    c) A chess tournament

2. *What was Alex and Jamie's attitude before the race?*

    a) Competitive
    b) Indifferent
    c) Supportive

3. *How did Alex and Jamie prepare for the race?*

    a) By studying
    b) By training
    c) By strategizing with their team

4. *What was the outcome of the relay race?*

    a) Jamie's team won
    b) Alex's team won
    c) It was a tie

5. *How did Jamie react to losing the race?*

    a) With disappointment
    b) With joy
    c) With sportsmanship

Correct Answers:

1. b) A relay race
2. c) Supportive
3. c) By strategizing with their team
4. b) Alex's team won
5. c) With sportsmanship

- Chapter Fifty-Five -
A VISIT TO THE GRAND CANYON

O Vizită la Marele Canion

Lucas a visat mereu să vadă Marele Canion. Într-o vară, și-a făcut în sfârșit călătoria. "Va fi o aventură," a gândit el, împachetându-și rucsacul.

Stând pe marginea canionului, Lucas a fost uimit de peisajul vast din fața lui. Vederea canionului adânc, cu straturile sale colorate de rocă, i-a tăiat respirația. "Este mai frumos decât mi-am imaginat," a șoptit el.

A petrecut ziua făcând drumeții pe poteci, minunându-se de priveliștile uimitoare și de frumusețea serenă a naturii. Lucas a făcut multe fotografii, încercând să capteze măreția canionului.

La răsărit, a privit cum canionul era iluminat treptat de lumina dimineții, creând o scenă de neuitat. "Acest moment face întreaga călătorie să merite," Lucas a simțit o conexiune profundă cu natura.

Vizita lui la Marele Canion nu a fost doar o bifă pe lista sa de dorințe, ci o experiență memorabilă care i-a adâncit aprecierea pentru lumea naturală.

Vocabulary

Canyon	*Canion*
Grand	*Mare*
Nature	*Natură*
Hike	*Drumeţie*
View	*Vedere*
Rock	*Rocă*
River	*Râu*
Park	*Parc*
Explore	*Explora*
Trail	*Potecă*
Landscape	*Peisaj*
Adventure	*Aventură*
Guide	*Ghid*
Cliff	*Stâncă*
Sunrise	*Răsărit*

Questions About the Story

1. *What inspired Lucas to make the trip?*

    a) A documentary
    b) A friend's suggestion
    c) A lifelong dream

2. *What was Lucas's reaction upon seeing the Grand Canyon?*

    a) He was slightly disappointed
    b) He was in awe
    c) He was indifferent

3. *What did Lucas do to try and capture the beauty of the Grand Canyon?*

    a) He wrote a poem
    b) He took many photos
    c) He painted a picture

4. *What time of day did Lucas find most breathtaking at the Grand Canyon?*

    a) Sunset
    b) Midday
    c) Sunrise

5. *How did Lucas feel about his trip to the Grand Canyon?*

    a) It was just another trip
    b) It was a disappointment
    c) It was a memorable experience

Correct Answers:

1. c) A lifelong dream
2. b) He was in awe
3. b) He took many photos
4. c) Sunrise
5. c) It was a memorable experience

- Chapter Fifty-Six -
THE HOMEMADE GIFT

Cadoul Făcut Acasă

Pentru ziua de naștere a Annei, prietena ei, Maria, decide să facă un cadou homemade. Maria gândește, "Vreau să creez ceva special pentru Anna."

Maria adoră să meșteșugească, așa că alege să picteze o cutie mică și să coasă un săculeț. Tricotează o eșarfă colorată, gândindu-se la Anna. "Annei îi vor plăcea acestea," zâmbește Maria, imaginându-și surpriza prietenei ei.

După ce termină meșteșugurile, Maria împachetează cu atenție cadourile. Folosește o panglică strălucitoare pentru a lega pachetul și adaugă un card handmade, scriind, "Cu drag și gândire."

Când Anna deschide cadoul, ochii ei strălucesc de bucurie. "Este atât de special! Mulțumesc, Maria," exclamă ea, îmbrățișându-și prietena. Cadoul gândit făcut de Maria a făcut ziua de naștere a Annei de neuitat.

Vocabulary

Gift	*Cadou*
Homemade	*Făcut acasă*
Craft	*Meşteşug*
Surprise	*Surpriză*
Create	*Crea*
Paint	*Picta*
Sew	*Coase*
Knit	*Tricota*
Design	*Design*
Special	*Special*
Card	*Card*
Wrap	*Împacheta*
Ribbon	*Panglică*
Love	*Dragoste*
Thoughtful	*Gânditor*

Questions About the Story

1. *What occasion is being celebrated in the story?*

   a) Maria's birthday
   b) Anna's birthday
   c) A holiday

2. *What type of gift does Maria decide to give Anna?*

   a) Store-bought jewelry
   b) Homemade crafts
   c) A book

3. *Which of the following items did Maria NOT craft for Anna?*

   a) A painted box
   b) A sewn pouch
   c) A ceramic vase

4. *How did Maria wrap the gift?*

   a) In a plain box
   b) With newspaper
   c) With bright ribbon and a handmade card

5. *What was Maria's intention behind creating the gift?*

   a) To save money
   b) To create something special for Anna
   c) Because she forgot to buy a gift

Correct Answers:

1. b) Anna's birthday
2. b) Homemade crafts
3. c) A ceramic vase
4. c) With bright ribbon and a handmade card
5. b) To create something special for Anna

- Chapter Fifty-Seven -
A SPECIAL DAY OUT

O Zi Specială în Oraș

Liam și familia lui au decis să petreacă o zi în parcul de distracții. "Va fi atât de distractiv!" a exclamat Liam, ținând strâns biletul.

Prima oprire a fost montagne russe. Liam a simțit un amestec de emoție și nervozitate pe măsură ce așteptau la coadă. "Aici mergem!" a strigat el pe măsură ce montagne russe a pornit în viteză.

Pe parcursul zilei, au încercat diferite atracții, au râs și s-au bucurat de înghețată. Partea preferată a lui Liam a fost spectacolul de magie, unde a fost ales să asiste pe scenă. "A fost uimitor!" a spus el, încă entuziasmat.

Și-au încheiat ziua cu zâmbete obosite, purtând suveniruri și amintiri despre o zi fantastică în oraș. "Putem să revenim curând?" a întrebat Liam, așteptând cu nerăbdare următoarea lor vizită.

Vocabulary

Outing	*Ieşire*
Amusement park	*Parc de distracţii*
Roller coaster	*Montagne russe*
Ticket	*Bilet*
Fun	*Distracţie*
Laugh	*Râs*
Ice cream	*Îngheţată*
Queue	*Coada*
Ride	*Atracţie*
Souvenir	*Suvenir*
Map	*Hartă*
Show	*Spectacol*
Snack	*Gustare*
Excited	*Entuziasmat*
Tired	*Obosit*

Questions About the Story

1. *Where did Liam and his family spend their day?*

   a) At the beach
   b) In a museum
   c) At the amusement park

2. *What was Liam's reaction before the roller coaster ride?*

   a) Terrified
   b) Excited and nervous
   c) Bored

3. *What did Liam and his family do throughout the day?*

   a) Went hiking
   b) Visited different rides and enjoyed ice cream
   c) Played sports

4. *What was Liam's favorite part of the day?*

   a) Eating ice cream
   b) The roller coaster
   c) The magic show

5. *How did Liam participate in the magic show?*

   a) By watching
   b) By clapping
   c) By assisting on stage

Correct Answers:

1. c) At the amusement park
2. b) Excited and nervous
3. b) Visited different rides and enjoyed ice cream
4. c) The magic show
5. c) By assisting on stage

- Chapter Fifty-Eight -
THE NEW CLUB

Clubul Nou

Elena a aflat despre un nou club de fotografie la şcoală şi era dornică să se alăture. "Ar putea fi cu adevărat interesant," a gândit ea, plănuind să participe la prima întâlnire.

La întâlnire, Elena a întâlnit alţi studenţi care împărtăşeau interesul ei pentru fotografie. Liderul clubului a discutat despre diverse activităţi şi proiecte pe care le-ar putea întreprinde. "Am atât de multe idei," a împărtăşit Elena cu entuziasm grupului.

Împreună, au planificat primul lor eveniment, o plimbare fotografică în parc în weekend. "Va fi minunat să învăţăm unii de la alţii," şi-a dat seama Elena, simţindu-se binevenită şi inspirată.

A fi parte a clubului de fotografie nu doar că a ajutat-o pe Elena să-şi facă noi prieteni, dar şi şi-a îmbunătăţit abilităţile de fotografie. Era bucuroasă că a găsit un grup unde putea urmări pasiunea şi să-şi contribuie ideile.

Vocabulary

Club	*Club*
Member	*Membru*
Meeting	*Întâlnire*
Activity	*Activitate*
Join	*Alătura*
Interest	*Interes*
Group	*Grup*
Weekly	*Săptămânal*
Event	*Eveniment*
Organize	*Organiza*
Leader	*Lider*
Idea	*Ideea*
Discuss	*Discuta*
Plan	*Planifica*
Welcome	*Binevenit*

Questions About the Story

1. *Why was Elena eager to join the new photography club at school?*

    a) To meet the club leader
    b) To improve her photography skills
    c) Because she was interested in photography

2. *What did Elena and the other club members plan as their first event?*

    a) A photo exhibition
    b) A weekend photo walk in the park
    c) A photography competition

3. *What was Elena's reaction to meeting other students at the photography club?*

    a) She was intimidated
    b) She was excited and shared many ideas
    c) She decided to leave the club

4. *How did joining the photography club benefit Elena?*

    a) She became the club leader
    b) She made new friends and improved her photography skills
    c) She won a photography award

5. *What was discussed in the first photography club meeting?*

    a) The club's budget
    b) Club uniforms
    c) Various activities and projects

Correct Answers:

1. c) Because she was interested in photography
2. b) A weekend photo walk in the park
3. b) She was excited and shared many ideas
4. b) She made new friends and improved her photography skills
5. c) Various activities and projects

- Chapter Fifty-Nine -
THE COMMUNITY GARDEN

Grădina Comunitară

Într-un mic oraș exista o frumoasă grădină comunitară unde toată lumea putea planta legume și flori. Într-o zi însorită, Sarah a decis să fie voluntar în grădină.

"Întâi, voi planta niște semințe," a gândit Sarah, săpând în sol. A plantat morcovi și roșii, udându-le cu grijă. În apropiere, florile colorate înfloreau, atrăgând fluturi și păsări, făcând grădina plină de viață.

Pe măsură ce săptămânile treceau, Sarah urmărea cum plantele ei cresc. A învățat să îndepărteze buruienile și să folosească compost pentru a îmbogăți solul. "Uitați-vă la toate aceste legume și flori pe care le-am ajutat să crească," a spus ea mândră.

Când a venit timpul recoltei, Sarah și alți voluntari au strâns recoltele. Au crescut multe legume verzi și flori frumoase. "Această grădină aduce comunitatea noastră împreună," a zâmbit Sarah, simțindu-se conectată la natură și la vecinii ei.

Vocabulary

Garden	Grădină
Plant	Planta
Vegetable	Legumă
Flower	Floare
Community	Comunitate
Grow	Cresc
Soil	Sol
Water	Apă
Harvest	Recolta
Seed	Seminţe
Green	Verde
Nature	Natură
Volunteer	Voluntar
Compost	Compost
Weed	Buruiană

Questions About the Story

1. *What did Sarah decide to volunteer for?*

   a) A community service project
   b) A local farm
   c) A community garden

2. *What type of seeds did Sarah plant?*

   a) Corn and peas
   b) Carrots and tomatoes
   c) Sunflowers and roses

3. *What attracted birds and butterflies to the garden?*

   a) The pond
   b) The colorful flowers
   c) The fruit trees

4. *What did Sarah learn to do in the garden?*

   a) Climb trees
   b) Remove weeds and use compost
   c) Make flower arrangements

5. *What was the result of Sarah and the volunteers' work?*

   a) The garden was closed
   b) They opened a new garden
   c) A lot of vegetables and flowers grew

Correct Answers:

1. c) A community garden
2. b) Carrots and tomatoes
3. b) The colorful flowers
4. b) Remove weeds and use compost
5. c) A lot of vegetables and flowers grew

- Chapter Sixty -
THE SCHOOL NEWSPAPER

Ziarul Școlii

Tom era redactor pentru ziarul școlii sale. Era mereu în căutarea de știri și povești interesante. "Luna aceasta, vom include interviuri cu noii noștri profesori," a decis Tom.

El și echipa sa au lucrat din greu pentru a scrie articole, a conduce interviuri și a face fotografii. "Trebuie să ne asigurăm că totul este gata înainte de termenul limită," le-a reamintit Tom tuturor.

În ziua în care ziarul a fost publicat, Tom s-a simțit mândru. Elevii și profesorii citeau munca lor. "Reportajul tău despre târgul de știință a fost cu adevărat interesant," i-a spus un profesor.

A face parte din echipa ziarului i-a învățat pe Tom și pe prietenii săi importanța lucrului în echipă și a comunicării. Erau fericiți să ofere știri și opinii comunității școlare.

Vocabulary

Newspaper	*Ziar*
Article	*Articol*
Editor	*Redactor*
Interview	*Interviu*
Publish	*Publica*
Report	*Reportaj*
News	*Știri*
Deadline	*Termen limită*
Write	*Scrie*
Column	*Coloană*
Review	*Recenzie*
Photograph	*Fotografie*
Issue	*Ediție*
Investigate	*Investiga*
Opinion	*Opinie*

Questions About the Story

1. *What role did Tom have in the school newspaper?*

   a) Writer
   b) Photographer
   c) Editor

2. *What did Tom's team plan to feature in the newspaper this month?*

   a) Sports events
   b) Interviews with new teachers
   c) Movie reviews

3. *What was Tom's reminder to his team about?*

   a) To interview more teachers
   b) To make sure everything is ready before the deadline
   c) To take more photographs

4. *How did Tom feel on the day the newspaper was published?*

   a) Disappointed
   b) Nervous
   c) Proud

5. *What feedback did Tom receive from a teacher?*

   a) The layout needed improvement
   b) The articles were too short
   c) The report on the science fair was interesting

Correct Answers:

1. c) Editor
2. b) Interviews with new teachers
3. b) To make sure everything is ready before the deadline
4. c) Proud
5. c) The report on the science fair was interesting

- Chapter Sixty-One -
THE TIME CAPSULE

Capsula Timpului

Clasa doamnei Green a decis să creeze o capsulă a timpului. "O vom îngropa şi o vom deschide în zece ani," a explicat ea. Fiecare elev a scris o scrisoare către sinele lor viitor şi a adăugat o mică comoară.

Au găsit o cutie rezistentă şi au pus totul înăuntru. "Acum, să găsim un loc perfect pentru a îngropa capsula noastră a timpului," a spus doamna Green. Au ales un colţ liniştit în grădina şcolii.

Anii au trecut, şi ziua deschiderii capsulei timpului a sosit în sfârşit. Toţi erau entuziasmaţi să vadă scrisorile şi amintirile lor. "Nu-mi vine să cred cât de mult s-a schimbat," a spus un elev, citindu-şi scrisoarea.

Capsula timpului a fost o punte între trecut şi viitor. A păstrat istoria lor şi a arătat cât de mult au crescut. "A fost o idee grozavă," au fost de acord cu toţii, bucuroşi să-şi reviziteze sinele mai tinere.

Vocabulary

Capsule	*Capsulă*
Time	*Timp*
Bury	*Îngropa*
Future	*Viitor*
Letter	*Scrisoare*
Memory	*Amintire*
Open	*Deschide*
Past	*Trecut*
Message	*Mesaj*
Discover	*Descoperi*
Year	*An*
Treasure	*Comoară*
Box	*Cutie*
History	*Istorie*
Preserve	*Păstra*

Questions About the Story

1. *What did Mrs. Green's class decide to create?*

    a) A memory book
    b) A documentary film
    c) A time capsule

2. *What was the purpose of the time capsule?*

    a) To win a school competition
    b) To open it in ten years
    c) To hide from the school principal

3. *Where did the class choose to bury the time capsule?*

    a) In the school library
    b) In a quiet corner of the school garden
    c) Under the school's main hall

4. *What did each student add to the time capsule?*

    a) A picture
    b) A letter to their future self and a small treasure
    c) Homework assignments

5. *What did the students feel when they finally opened the time capsule?*

    a) Disappointment
    b) Excitement
    c) Indifference

Correct Answers:

1. c) A time capsule
2. b) To open it in ten years
3. b) In a quiet corner of the school garden
4. b) A letter to their future self and a small treasure
5. b) Excitement

- Chapter Sixty-Two -
A SURPRISE GUEST

Oaspete Surpriză

Lucy pregătea o petrecere mică la ea acasă. A invitat prieteni și familie să se bucure de seară. "Sper că toată lumea se va distra," a gândit ea, pregătind cina.

Deodată, soneria a sunat. "Cine poate fi?" s-a întrebat Lucy. A deschis ușa și a găsit un oaspete surpriză: prietena ei Mia, care se mutase în străinătate anul trecut. "Mia! Ce surpriză minunată!" a exclamat Lucy, întâmpinând-o călduros.

Mia a adus cadouri pentru toți, iar sosirea ei a făcut petrecerea și mai specială. Toți s-au bucurat de cină, discutând și râzând împreună. Mia a împărtășit povești despre aventurile ei în străinătate, și toți au ascultat, fascinați.

"Este atât de bine să te văd din nou," a spus Lucy. "Să nu mai așteptăm încă un an pentru a ne vizita." Oaspetele surpriză a făcut seara de neuitat pentru Lucy și invitații ei. Toți erau fericiți să petreacă împreună, bucurându-se de compania celorlalți.

Vocabulary

Surprise	*Surpriză*
Guest	*Oaspete*
Welcome	*Binevenit*
Party	*Petrecere*
Visit	*Vizita*
Friend	*Prieten*
Dinner	*Cină*
Gift	*Cadou*
Arrive	*Sosi*
Happy	*Fericit*
Chat	*Discuta*
Invite	*Invita*
Family	*Familie*
Stay	*Sta*
Enjoy	*Bucura*

Questions About the Story

1. *Who was having a small party at her house?*

    a) Mia
    b) Lucy
    c) Sarah

2. *What was Lucy's hope for the party?*

    a) That the food would be delicious
    b) That everyone would have a good time
    c) That the party would end early

3. *Who arrived at Lucy's house as a surprise guest?*

    a) A family member
    b) A neighbor
    c) Mia, her friend who had moved abroad

4. *What did Mia bring to the party?*

    a) A cake
    b) Gifts for everyone
    c) Flowers

5. *What was everyone's reaction to Mia's stories about her adventures abroad?*

    a) Bored
    b) Amazed
    c) Confused

Correct Answers:

1. b) Lucy
2. b) That everyone would have a good time
3. c) Mia, her friend who had moved abroad
4. b) Gifts for everyone
5. b) Amazed

- Chapter Sixty-Three -
THE ENVIRONMENTAL PROJECT

Proiectul de Mediu

Clasa domnului Smith a decis să înceapă un proiect de mediu. "Trebuie să avem grijă de planeta noastră," le-a spus elevilor săi. Toți au fost de acord să se concentreze pe reciclare și curățarea parcului lor local.

Elevii au adunat deșeuri, le-au separat pentru reciclare și au plantat noi copaci. "Orice ajutor contează," a explicat domnul Smith pe măsură ce lucrau împreună pentru a curăța. De asemenea, au făcut semne pentru a încuraja pe alții să păstreze parcul curat și să recicleze.

La sfârșitul proiectului, parcul arăta mai bine ca niciodată. Elevii erau mândri de munca lor. "Am făcut o diferență reală," au spus ei. Au început o campanie în școala lor pentru a crește conștientizarea despre importanța reciclării și conservării energiei.

Proiectul lor a arătat tuturor că lucrând împreună, pot face comunitatea lor mai verde și mai curată. Au învățat că chiar și acțiunile mici pot avea un impact mare asupra mediului.

Vocabulary

Environment	*Mediu*
Project	*Proiect*
Recycle	*Recicla*
Clean	*Curăţa*
Pollution	*Poluare*
Plant	*Planta*
Earth	*Pământ*
Conservation	*Conservare*
Waste	*Deşeu*
Green	*Verde*
Energy	*Energie*
Save	*Salva*
Nature	*Natură*
Campaign	*Campanie*
Awareness	*Conştientizare*

Questions About the Story

1. *What was the main focus of Mr. Smith's class's environmental project?*

    a) Planting flowers
    b) Cleaning a local park and focusing on recycling
    c) Building birdhouses

2. *What did Mr. Smith tell his students about the importance of the project?*

    a) "We need to take care of our planet."
    b) "This is just for a grade."
    c) "It's too late to make a difference."

3. *What actions did the students take during their environmental project?*

    a) They only planted trees
    b) They gathered waste, separated it for recycling, and planted new trees
    c) They watched documentaries on recycling

4. *What did the students start in their school after the project?*

    a) A dance club
    b) A campaign to raise awareness about recycling and conserving energy
    c) A cooking class

Correct Answers:

1. b) Cleaning a local park and focusing on recycling
2. a) "We need to take care of our planet."
3. b) They gathered waste, separated it for recycling, and planted new trees
4. b) A campaign to raise awareness about recycling and conserving energy

- Chapter Sixty-Four -
A DAY AT THE AQUARIUM

O Zi la Acvariu

Anna și fratele ei Tom au vizitat acvariul într-o sâmbătă însorită. "Abia aștept să văd rechinii și delfinii," a spus Tom entuziasmat pe măsură ce au intrat.

Și-au început turul la marele acvariu unde peștii colorați înotau printre corali. "Uite ce rechin uriaș!" a arătat Anna. Au urmărit cu uimire cum rechinul aluneca prin apă.

Apoi, au văzut un spectacol cu delfini. Delfinii săreau și făceau trucuri, făcând pe toată lumea să aplaude și să încurajeze. "Delfinii sunt atât de inteligenți," a spus Tom, impresionat.

Au învățat multe de la ghidul care le-a povestit despre viața marină și cum să protejeze marea și creaturile ei. Anna și Tom au văzut multe expoziții, inclusiv una cu meduze care străluceau în întuneric.

"A fost o zi uimitoare," a spus Anna când au plecat. "Am învățat atât de multe și am văzut atâția pești frumoși." Au promis că se vor întoarce în curând, dornici să învețe mai multe despre lumea subacvatică.

Vocabulary

Aquarium	*Acvariu*
Fish	*Peşte*
Shark	*Rechin*
Tank	*Acvariu*
Coral	*Coral*
Marine	*Marin*
Dolphin	*Delfin*
Exhibit	*Expoziţie*
Sea	*Mare*
Tour	*Tur*
Water	*Apă*
Creature	*Creatură*
Guide	*Ghid*
Learn	*Învăţa*
Jellyfish	*Meduză*

Questions About the Story

1. *What activity did Anna and her brother Tom decide to do on a sunny Saturday?*

   a) Visit the zoo
   b) Go to the aquarium
   c) Attend a concert

2. *What were Tom's feelings about seeing sharks and dolphins at the aquarium?*

   a) Indifferent
   b) Scared
   c) Excited

3. *Which exhibit did Anna and Tom start their tour with at the aquarium?*

   a) Dolphin show
   b) Jellyfish exhibit
   c) Shark tank

4. *What did Tom find impressive at the aquarium?*

   a) The size of the sharks
   b) The intelligence of dolphins
   c) The color of the coral

5. *What did Anna and Tom do at sunrise at the aquarium?*

   a) Witnessed the canyon's illumination
   b) Took photographs
   c) Watched a dolphin show

Correct Answers:

1. b) Go to the aquarium
2. c) Excited
3. c) Shark tank
4. b) The intelligence of dolphins
5. a) Witnessed the canyon's illumination

- Chapter Sixty-Five -
THE COSTUME PARTY

Petrecerea Costumată

Emily era entuziasmată. Organiza o petrecere costumată cu tema basmelor. "Abia aștept să văd costumele tuturor," a gândit ea în timp ce decora casa cu lumini colorate și măști.

În noaptea petrecerii, prietenii au sosit îmbrăcați în diverse personaje din basme. Emily purta o rochie frumoasă de prințesă, iar prietenul ei Max a venit costumat în cavaler. Muzica umplea camera, și toți dansau și râdeau împreună.

A fost un concurs pentru cel mai bun costum. Toți au votat, și Max a câștigat premiul pentru costumul său creativ de cavaler. Au jucat jocuri, au mâncat gustări, iar camera era plină de bucurie și râsete.

"Este cea mai bună petrecere!" au fost de acord toți. Petrecerea costumată a fost un succes, iar Emily era fericită să-și vadă prietenii distrându-se atât de mult.

Vocabulary

Costume	Costum
Party	Petrecere
Dress up	Îmbrăca
Theme	Temă
Mask	Mască
Dance	Dansa
Music	Muzică
Prize	Premiu
Character	Personaj
Fun	Distracţie
Invite	Invita
Decorate	Decora
Snack	Gustare
Game	Joc
Laugh	Râde

Questions About the Story

1. *What was the theme of Emily's costume party?*

    a) Pirate Adventure
    b) Fairy Tale
    c) Superheroes

2. *What costume did Emily wear to the party?*

    a) A pirate
    b) A fairy
    c) A princess

3. *Who won the best costume contest at the party?*

    a) Emily
    b) Max
    c) Sarah

4. *What did Max dress up as for the costume party?*

    a) A wizard
    b) A knight
    c) A dragon

5. *What activities did guests enjoy at the costume party?*

    a) Dancing and playing games
    b) Watching a movie
    c) Swimming

Correct Answers:

1. b) Fairy Tale
2. c) A princess
3. b) Max
4. b) A knight
5. a) Dancing and playing games

- Chapter Sixty-Six -
THE OLD MAP

Harta Veche

Jack a găsit o hartă veche în podul bunicului său. "Se pare că este o hartă a comorii," a exclamat el. Harta ducea la o comoară ascunsă pe o insulă îndepărtată, marcată cu un 'X'.

Dornic de aventură, Jack a luat busola, harta veche și a pornit la drum. Călătoria a fost plină de entuziasm și provocări. A navigat prin mări agitate și a explorat cărări necunoscute.

Urmărind indiciile de pe hartă, Jack a căutat pe insulă. După ore de căutare, a găsit 'X'-ul lângă un copac antic. A săpat și a descoperit un cufăr plin cu aur și bijuterii.

"Aceasta este cea mai mare aventură a vieții mele," a spus Jack, minunându-se de descoperirea sa. Harta veche l-a condus la o comoară reală, exact ca în legendele.

Vocabulary

Map	*Hartă*
Treasure	*Comoară*
Explore	*Explora*
Compass	*Busolă*
Adventure	*Aventură*
Island	*Insulă*
X (marks the spot)	*X*
Search	*Căuta*
Find	*Găsi*
Clue	*Indiciu*
Journey	*Călătorie*
Old	*Vechi*
Legend	*Legendă*
Path	*Cărare*
Discover	*Descoperi*

Questions About the Story

1. *Where did Jack find the old map?*

    a) In his grandfather's attic
    b) In a library book
    c) Buried in his backyard

2. *What did Jack believe the old map led to?*

    a) A hidden treasure
    b) A secret cave
    c) An ancient ruin

3. *Where was the treasure hidden according to the map?*

    a) Under a bridge
    b) Inside a cave
    c) On a distant island

4. *What did Jack use to navigate to the treasure?*

    a) A GPS device
    b) Stars
    c) A compass

5. *What challenge did Jack face on his journey?*

    a) Rough seas
    b) Desert crossing
    c) Mountain climbing

Correct Answers:

1. a) In his grandfather's attic
2. a) A hidden treasure
3. c) On a distant island
4. c) A compass
5. a) Rough seas

- Chapter Sixty-Seven -
A SPACE ADVENTURE

Aventura Spațială

Lucy visa să exploreze spațiul. Într-o zi, a devenit astronaut și a fost aleasă pentru o misiune pe Marte. "Sunt pregătită pentru această aventură spațială," a spus ea, urcând în rachetă.

Pe măsură ce racheta a fost lansată, Lucy a simțit emoția de a părăsi gravitația Pământului. A văzut stele, planete și vastitatea galaxiei prin ferestrele navetei.

Misiunea implica orbitarea lui Marte, colectarea de date și căutarea semnelor de viață. Lucy și echipa ei au descoperit o rocă strălucitoare, ciudată, care nu era de pe Marte. "Oare să fie de la extratereștri?" s-au întrebat ei.

După finalizarea misiunii, s-au întors pe Pământ ca eroi. Aventura spațială a lui Lucy a fost mai palpitantă decât și-ar fi putut imagina vreodată, făcând-o nerăbdătoare pentru următoarea călătorie printre stele.

Vocabulary

Space	Spațiu
Rocket	Rachetă
Planet	Planetă
Star	Steaua
Astronaut	Astronaut
Orbit	Orbită
Galaxy	Galaxie
Moon	Lună
Alien	Extraterestru
Shuttle	Navetă
Universe	Univers
Mission	Misiune
Telescope	Telescop
Launch	Lansare
Gravity	Gravitație

Questions About the Story

1. *What was Lucy's dream that came true?*

   a) Becoming a teacher
   b) Exploring the ocean
   c) Exploring space

2. *What planet was Lucy's mission focused on?*

   a) Mars
   b) Venus
   c) Jupiter

3. *What did Lucy and her team discover on their mission?*

   a) A strange, glowing rock
   b) A new form of life
   c) Water

4. *How did Lucy feel during the rocket launch?*

   a) Scared
   b) Thrilled
   c) Sick

5. *What was the purpose of Lucy's mission to Mars?*

   a) To plant a flag
   b) To orbit Mars and collect data
   c) To meet aliens

Correct Answers:

1. c) Exploring space
2. a) Mars
3. a) A strange, glowing rock
4. b) Thrilled
5. b) To orbit Mars and collect data

- Chapter Sixty-Eight -
THE LOST CITY

Orașul Pierdut

Anna, o arheolog, a fost mereu fascinată de legenda unui oraș pierdut ascuns adânc în junglă. Într-o zi, a găsit o hartă antică într-o carte veche, marcând locația ruinelor. "Asta ar putea fi," a gândit ea, inima ei bătând cu emoție.

Adunându-și echipa, Anna a plecat într-o expediție. Au străbătut jungla densă, ghidați de hartă. După zile de căutări, au dat peste ruinele antice acoperite de vițe groase.

"Este orașul pierdut!" a exclamat Anna. Au explorat ruinele, găsind artefacte și un templu grandios. Fiecare descoperire era un indiciu pentru a înțelege civilizația care a prosperat odinioară acolo.

Pe măsură ce au dezvăluit secretele trecutului, Anna și-a dat seama că au rezolvat un mister care i-a nedumerit pe arheologi de secole. Orașul pierdut nu mai era o legendă, ci o descoperire remarcabilă care a aruncat lumină asupra unei civilizații antice.

Vocabulary

City	Oraş
Lost	Pierdut
Ruins	Ruine
Ancient	Antic
Explore	Explora
Mystery	Mister
Expedition	Expediţie
Map	Hartă
Jungle	Junglă
Discover	Descoperi
Artifact	Artefact
Legend	Legendă
Archaeologist	Arheolog
Temple	Templu
Civilization	Civilizaţie

Questions About the Story

1. *What inspired Anna to embark on her expedition?*

   a) A documentary
   b) A dream
   c) An ancient map

2. *Where was the lost city located?*

   a) In the desert
   b) Deep in the jungle
   c) Under the sea

3. *What did Anna and her team find in the ruins?*

   a) Gold coins
   b) A treasure chest
   c) Artifacts and a grand temple

4. *How did Anna feel when she first saw the ruins?*

   a) Terrified
   b) Excited
   c) Disappointed

5. *What did the expedition team use to guide them through the jungle?*

   a) The stars
   b) A compass
   c) An ancient map

Correct Answers:

1. c) An ancient map
2. b) Deep in the jungle
3. c) Artifacts and a grand temple
4. b) Excited
5. c) An ancient map

- Chapter Sixty-Nine -
THE MAGIC POTION

Poțiunea Magică

Elena, o tânără vrăjitoare, era hotărâtă să prepare o poțiune magică care să vindece orice boală. A găsit o rețetă într-o carte veche de vrăji, dar avea nevoie de ingrediente rare. Rețeta era un secret transmis prin generații de vrăjitoare, un testament al puterii meșteșugului lor mistic.

Cu cazanul pregătit, Elena a plecat să adune ingredientele din pădurea fermecată. A găsit ierburi magice, apă vrăjită și rara floare de lună, care înflorește doar sub luna plină. Aceste ingrediente aveau puterea de a transforma sănătatea și de a vindeca bolnavii.

Înapoi la cabana ei, Elena a amestecat cu grijă ingredientele, rostind vraja. "Fie ca această poțiune să aducă vindecare," a șoptit ea pe măsură ce poțiunea fierbea, emițând o lumină blândă. Aerul era plin de o energie mistică pe măsură ce poțiunea începea să se transforme în fața ochilor ei.

Când, în sfârșit, a îmbuteliat poțiunea magică, Elena știa că a creat ceva special. A împărtășit-o cu cei în nevoie, și poțiunea a făcut minuni, câștigându-i recunoștința multora. Secretul rețetei poțiunii a devenit o legendă, inspirând generațiile viitoare.

Poțiunea magică a Elenei a fost un testament al abilității și inimii ei, dovedind că cu determinare, un strop de magie și încântările potrivite, se poate face lumea un loc mai bun.

Vocabulary

Potion	*Poțiune*
Magic	*Magică*
Witch	*Vrăjitoare*
Spell	*Vrajă*
Brew	*Prepara*
Cauldron	*Cazan*
Ingredient	*Ingredient*
Enchant	*Vrăji*
Bottle	*Sticlă*
Secret	*Secret*
Recipe	*Rețetă*
Transform	*Transforma*
Power	*Putere*
Mystical	*Mistic*
Heal	*Vindecare*

Questions About the Story

1. *What was Elena determined to brew?*

    a) A love potion
    b) A magic potion to heal illnesses
    c) A potion for eternal youth

2. *Where did Elena find the recipe for the magic potion?*

    a) In an ancient spell book
    b) From a friend
    c) Online

3. *What was unique about the moonflower?*

    a) It glowed in the dark
    b) It was poisonous
    c) It only bloomed under a full moon

4. *What did Elena chant while mixing the potion?*

    a) A song of joy
    b) A traditional witch's hymn
    c) "Let this potion bring healing"

5. *What effect did the magic potion have?*

    a) It caused laughter
    b) It healed illnesses
    c) It turned things invisible

Correct Answers:

1. b) A magic potion to heal illnesses
2. a) In an ancient spell book
3. c) It only bloomed under a full moon
4. c) "Let this potion bring healing"
5. b) It healed illnesses

CONCLUSION

Congratulations on completing "69 Short Romanian Stories for Beginners." You've embarked on a remarkable journey through the Romanian language, guided by a collection of stories that transcend cultural and geographical boundaries, designed to universally appeal and engage your curiosity and imagination.

Your dedication to learning and expanding your Romanian vocabulary through these tales reflects a commendable commitment to linguistic growth. These stories, carefully curated to cater to beginners, have provided you with a foundation in understanding and using Romanian in a variety of contexts, equipping you with the skills necessary for everyday communication and beyond.

Embarking on the path of language learning is a journey of endless discovery, not just about the language itself but about the possibilities it unlocks. It is a bridge to new ways of thinking, a tool for connecting with others, and a means to explore the vast world of literature and communication.

I am eager to hear about your experiences and the adventures these stories have taken you on. Please share your journey with me on Instagram: **@adriangruszka**. Your progress, challenges, and insights are a source of inspiration and celebration. If this book has sparked joy in your language learning process, feel free to mention it on social media and tag me. Your feedback and stories are incredibly valuable.

For additional resources, deeper insights, and updates, visit **www.adriangee.com**. Here, you'll find a supportive community of fellow language learners and enthusiasts, as well as materials to further aid your exploration of the Romanian language.

- *Adrian Gee*

CONTINUE YOUR LANGUAGE JOURNEY:
Discover "69 More Romanian Stories for Intermediate Learners"

Are you on a quest to deepen your mastery of the Romanian language and enrich your vocabulary even further? Have you surpassed the beginner stages and crave more complex narratives that challenge and delight? If you've nodded in agreement, then the next step in your linguistic adventure awaits!

"69 More Romanian Short Stories for Intermediate Learners" is meticulously crafted for those who have already laid the groundwork with our beginner's collection and are ready to elevate their skills. This sequel not only broadens your linguistic horizons but also delves into more sophisticated themes and structures, perfectly suited for the intermediate learner eager for growth.

420

In this continuation of your Romanian language journey, you will discover:

- A curated selection of engaging stories designed to fit the intermediate Romanian learner's needs, ensuring a seamless transition to more advanced material.
- Enhanced vocabulary and grammatical structures, presented within compelling narratives that keep learning both effective and enjoyable.
- Cultural nuances and deeper insights into the Romanian-speaking world, offering a richer understanding of the language's context and usage.
- Practical examples and exercises that reinforce your learning, encouraging active application and retention of new knowledge.

Don't let your language learning momentum fade. With "69 More Short Romanian Stories for Intermediate Learners," you're not just advancing your Romanian proficiency; you're immersing yourself in a world of captivating stories that inspire, educate, and entertain. Ready to take the next step in your Romanian language journey and unlock new levels of fluency? Join us, and let's turn the page together towards intermediate mastery.